无边界企业

IBM商业价值研究院 / 著

图书在版编目（CIP）数据

IBM 商业价值报告.无边界企业 / IBM 商业价值研究院 著.—北京：东方出版社，2022.11
ISBN 978-7-5207-3012-9

Ⅰ.①I… Ⅱ.①I… Ⅲ.①企业管理—研究报告 Ⅳ.①F272

中国版本图书馆 CIP 数据核字（2022）第 186116 号

IBM 商业价值报告：无边界企业
（IBM SHANGYE JIAZHI BAOGAO：WU BIANJIE QIYE）

作　　者：	IBM 商业价值研究院
责任编辑：	崔雁行　高琛倩
出　　版：	东方出版社
发　　行：	人民东方出版传媒有限公司
地　　址：	北京市东城区朝阳门内大街 166 号
邮　　编：	100010
印　　刷：	天津兴湘印务有限公司
版　　次：	2022 年 11 月第 1 版
印　　次：	2022 年 11 月第 1 次印刷
开　　本：	880 毫米×1230 毫米　1/32
印　　张：	10.875
字　　数：	198 千字
书　　号：	ISBN 978-7-5207-3012-9
定　　价：	68.00 元
发行电话：	（010）85924663　85924644　85924641

版权所有，违者必究
如有印装质量问题，我社负责调换，请拨打电话：（010）85924602　85924603

持续转型，不断进化

新冠肺炎疫情发生以来，面对突如其来的危机和挑战，全球企业做出了强有力的应对，展开了非同寻常的转型的旅程。IBM商业价值研究院调研数据显示，60%的全球受访企业和75%的中国受访企业表示：正在利用这个时机加速企业的数字化转型步伐。许多企业领导者认为其组织通过快速获取数据和AI驱动的业务洞察，积极部署基于混合云的技术架构和远程协作，大大提升了组织的六大能力：更敏捷的业务流程、更快速的客户响应和更深入的客户互动、更有前瞻性的供应链规划与运营、更富弹性的IT和业务、更包容的员工管理、更安全的网络信息。所有这些变革，促使无边界企业（Virtual Enterprise）加速成为新一代的组织和运营模式。

的确，我们有理由为企业领导者们展现出的韧性和取得的成果感到自豪。然而，在企业重回增长时，数字化转型之路并未结束。企业领导者们需要思考，组织是否从疫情中吸取了正确的经验和教训？是否已经做好了更加充分的准备来应对更加复杂和更具颠覆性的后疫情时代？

2022年的全球经济格局剧变就是明证，"没有新常态"已成为共识。IBM认为，无论思维或实践，持续转型、不断进化将是企业的主旋律，因为下一轮数字化浪潮将比以往更具挑战性，无边界企业这一愿景正在变得越发清晰。

虽然在许多组织看来，持续转型、不断进化这项任务似乎太过冒险、太过艰难，前景也太过不确定，但是我们别无选择。传统的按部就班式的组织和运营方式已经过时，更流畅、更迅捷、更动态的企业才是大势所趋。只有那些直面挑战、勇往直前的领导者才能掌握真正的竞争优势，实现未来的成功。

《无边界企业》一书的出版可谓恰逢其时。我们可以借此探索无边界的企业，成就中国企业的高质量发展。我们来探讨新一代组织的六大基本构成要素，思考企业转型必须具备哪些相应的能力和基础架构，了解如何有效利用AI、自动化、区块链、物联网（IoT）、混合云、量子计算等数字技术，来深入影响当前的业务成果。另外，我们还可以从埃克森美孚、we.trade、香港应用科技研究院、Yara、西门子、美敦力、Orange France、达美航空等十八个中外成功案例中获得启发,积极转型为科技企业、平台企业和体验企业。

无论你处于何种行业或地域,无论你是何种组织规模与性质,也无论你处于转型道路的何种阶段,IBM 咨询都可以成为你强有力的合作伙伴。IBM 咨询是一支分布在全球的 16 万名咨询专业服务团队,通过运用 IBM 领先的混合云和人工智能等数字技术,广泛的战略合作伙伴生态系统,以及深刻的行业、业务、技术洞察,来帮助我们的客户有效地进行数字化转型。我们的咨询专家为客户提供的服务涵盖无边界企业六大要素的各个方面,能够满足组织在持续转型过程中的任何需求,能够为组织提供最适合的解决方案。

相信《无边界企业》这本书能够帮助您深入探索企业通向无边界企业的道路,IBM 咨询也随时准备好与您携手共创,全程陪伴您的转型和高质量发展之旅。

祝您阅读愉快!

IBM 咨询大中华区总裁　陈科典

2022 年 9 月 19 日

拥抱未来的组织愿景

新冠肺炎疫情凸显了组织推动数字化转型的迫切性和必要性。

许多组织的传统工作环境已难以为继，而无边界工作环境、流程和系统正迅速成为维持组织和扩展运营的唯一方式。

鉴于此，IBM 商业价值研究院（IBV）携手 IBM 咨询总裁 Mark Foster 和其他多位高级咨询高管，共同构想了一种新的企业模式，旨在帮助所有组织定义和确立清晰的未来发展道路。我们称之为无边界企业。这是一个立足当下、面向未来的企业愿景。

无边界企业呈现了未来的无边界组织的完整模样，指明了当前的组织可以采取哪些明确行动来实现这一愿景，并以全球多个行业中已成功启动无边界企业议程的组织为可信例证。

IBV 出品的《无边界企业》这本书全面阐述了无边界

企业的六大要素，即开创性业务平台与生态系统、科学和数据主导的创新、扩展的智能化工作流程、可持续发展与社会影响、包容性的人技偕行、开放安全的混合云与网络。不仅如此，本书中还收纳了更加丰富和纵深的 IBV 相关研究成果。

在本书上篇中插入了 18 个深入而翔实的案例研究，下篇则集结了四份针对特定行业的无边界企业洞察。通过这些领先行业和企业对其未来道路的战略规划，我们清楚地看到，无边界企业的原则正在帮助企业塑造当今的业务模式和组织运营。

行业篇当中《2022 年全球银行与金融市场展望》报告阐述的是，领先的银行和其他金融服务企业在建立或参与不断扩大的生态系统和合作伙伴网络的过程中，如何借助端到端的数字化运营，推行以客户为中心的金融业务模式、产品和服务以及工作方式。

《价值聚焦　技术向善》报告描述了中国制造企业如何成功应对前所未有的挑战，以及中国制造业如何利用新的核心能力来实现"无边界制造"。

《大业无疆　汽车无界》报告探讨了中国汽车企业如何加速研发新一代汽车产品及出行服务，并通过进一步拥

IBM 商业价值报告：
无边界企业

抱开放的生态系统和合作伙伴网络来应对势不可当的行业颠覆。

《大爱无疆 医者无界》研究指出，未来引领中国医疗和生命科学行业进入发展新格局的将是具备新一代组织和运营模式的"无边界的医疗和生命科学企业"，为此，组织应当以携手共建和共享为使命，创建新的组织和运营模式，从而走上"健康中国 2030"规划纲要所指明的发展新道路。

我希望《无边界企业》这本书中的研究分析和深刻洞察能够为您带来实用而有益的启发，帮助您驾驭当前动荡的经济环境并取得成功。

请尽享阅读之乐。

Anthony Marshall
思想领导力高级研究总监
IBM 商业价值研究院
2022 年 9 月 1 日

目 录
CONTENTS

上篇　无边界企业：虚拟世界中的认知型企业

开放、创新与可持续发展的六大构成要素 // 003

引言　无边界企业蓝图 // 004

第一章
开创性业务平台与生态系统展现威力

开放平台与生态系统如何提升价值 // 012

利用开放的变革性价值 // 016

连通性推动实现增长与价值 // 019

更深层次的合作关系成为战略驱动力量 // 022

技术与开放性是加速实现价值的基础 // 026

第二章

科学和数据主导的创新迸发火花

科学和数据主导的创新如何带来新的解决方案 // 034

借助虚拟化和开放性、综合社区以及呈指数级发展的

　　工具,加速探索过程 // 038

虚拟化和开放性有助于促进整个生态系统范围的

　　探索发现 // 042

探索社区有助于提升所有方面的价值 // 046

呈指数级发展的工具和系统加快探索发现的

　　速度 // 049

第三章

扩展的智能化工作流程充满魔力

扩展的智能化工作流程如何放大机遇 // 058

敏捷性:改变工作方式、生态系统思维方式

　　和虚拟化方式 // 061

新的工作方式推动组织转型 // 066

生态系统思维方式有助于放大创造的价值 // 070

虚拟化已成为呈指数级发展的技术 // 074

目 录

第四章
可持续发展与社会影响成为当务之急

可持续发展与社会影响如何推动积极的

　　企业转型 // 082

可持续发展与社会影响：连接各利益相关方，

　　改进成果，攻克以前无法解决的问题 // 085

可持续发展吸引并激励利益相关方 // 090

部署有利于社会公益的技术对企业发展也有利 // 095

开放式协作与合作关系有助于应对棘手的

　　社会挑战 // 101

第五章
包容性人技偕行发挥创造力

包容性人技偕行如何创造竞争优势 // 110

　　建立现代的协作式企业文化 // 114

数字化工作流程有助于提高收入 // 118

决策必须是共享和可信的 // 122

领导层需要基于同理心开展互动 // 127

第六章
开放安全的混合云与网络势在必行

开放安全的混合云与网络如何促进无边界优势 // 136

利用云技术加速进展 // 141

开放性带来机遇 // 144

现代化旅程永无止境 // 148

企业文化与生产力密不可分 // 152

下篇 无边界企业行业视角

第七章
2022年全球银行与金融市场展望

立即开始真正的重塑 // 170

构建以客户为中心的新平台业务模式 // 173

拥抱端到端的极致数字化 // 175

快速行动，提高弹性 // 178

找到切实可行的可持续发展模式 // 180

部署AI工厂，转变数据环境 // 182

接受新工作场所中新员工队伍的现实 // 183

与合作伙伴生态系统携手 // 186

利用数字资产迅猛发展的势头 // 189

在网络安全的新前沿保持领先 // 191

第八章

价值聚焦 技术向善

大数据和创新技术助力无边界制造

制造企业正面临前所未有的挑战 // 197

三大能力构建"无边界制造" // 200

  能力1：数智战略 // 201

  能力2：平台模式 // 206

  能力3：新兴技术 // 211

第九章

大业无疆 汽车无界

建立无边界汽车企业应对行业颠覆及趋势

第一部分 汽车行业的颠覆因素及热点趋势 // 229

  汽车行业的三大颠覆因素 // 229

  中国汽车行业的七大热点 // 234

第二部分 建立无边界汽车企业，应对行业颠覆及趋势 // 241

构成要素 1：战略核心——开放的平台战略
和生态系统 // 246

构成要素 2：加速引擎——加速的技术创新
和数据洞察 // 251

构成要素 3：价值金链——敏捷的智能流程
和客户体验 // 258

构成要素 4：终极目标——持续的绿色发展
和运营模式 // 263

构成要素 5：组织能力——包容的人技融合
和技能重塑 // 271

构成要素 6：基础设施——开放安全的混合多云
和网络 // 276

第三部分　无边界汽车企业的构建——IBM 车库方法™ // 281

第十章

大爱无疆　医者无界

后疫情时代，医疗和生命科学行业加速无边界转型

第一部分　医疗和生命科学行业的发展新格局 // 292

第二部分　重塑无边界的医疗和生命科学企业 // 294

构成要素1：战略核心——开放的平台战略
　　　　　　和生态系统 // 295

构成要素2：加速引擎——加速的科技创新
　　　　　　和数据洞察 // 300

构成要素3：价值金线——敏捷的智能流程
　　　　　　和人员体验 // 306

构成要素4：终极目标——持续的绿色发展
　　　　　　和运营模式 // 312

构成要素5：以人为本——包容的患者融合
　　　　　　和智慧医疗 // 318

构成要素6：基础设施——安全的混合多云
　　　　　　和网络架构 // 323

第三部分　无边界医疗和生命科学企业的重塑方法 ——IBM 车库方法™ // 327

上 篇

无边界企业：
虚拟世界中的
认知型企业

开放、创新与可持续发展的六大构成要素

AI、自动化、区块链、物联网（IoT）、混合云、量子计算等呈指数级发展的技术日益成熟，已经能够对业务成果产生深远影响，但前提是企业必须具备相应的能力和基础架构，可以有效利用这些技术。为此，众多企业积极开展数字化转型，转变为技术企业、平台企业和体验企业。

突如其来的新冠肺炎疫情给所有企业带来重击，作为应对之策，企业转变运营模式，以满足不断变化的利益相关方的需求，因此，数字化转型的步伐只会加快，而不是相反。由此产生的虚拟技术的采用率不断增长也印证了我们在2021年《无边界企业：虚拟世界中的认知型企业》报告中的发现——先进的组织和运营模式不断涌现。在本报告中，我们将更深入地研究无边界企业，并探索这种新一代组织的基本构成要素。它们为世界级企业奠定基础，帮助企业获得当前的增长动力，并为将来的可持续发展保驾护航。

引言　无边界企业蓝图

过去几年，我们经历了一个转折点——全球各地的企业都希望以整体方式运用技术，实现业务模式转型。我们看到，数字化转型已从企业的前沿或边缘转移到核心。与此同时，AI、自动化、IoT、区块链和 5G 等技术已经达到可大规模应用的成熟程度，能够进一步对业务成果产生切实的影响。

各行各业的组织都在努力向技术企业、平台企业和体验企业转型。我们将这种演变称为认知型企业的兴起——通过构想开创性业务平台、塑造智能化工作流程以及更深入地关注于体验和人性化，让认知型企业成为现实。

新冠肺炎疫情危机对这些认知型企业产生了巨大的影响。疫情加快了数字化转型的步伐；强调了应用呈指数级发展的技术对于提高流程效率、有效性和灵活性的重要意义；并带来了实际的用例，说明如何利用混合云基础架构，提供具有高度适应能力的使用模式和服务。我们看到，新的现实情况进一步拓展了认知型企业的三大构成要素。

开创性业务平台必须更快地实现数字化，并将范围扩大到新的生态系统及合作伙伴；智能化工作流程必须优先考虑使用极致自动化和 AI，以满足广大客户和员工的连接与服务需求；由于必须保证客户、员工和大众的健康与安全，因此体验与人性化也有了新的定义。

事实上，由于疫情而被迫实施的虚拟化已成为一个关键的变革主题，而且变得越来越重要。我们看到，最近的经历正在使无边界企业加速成为新一代的组织和运营模式。无边界企业由智能化工作流程这根"金线"串联，将生态系统参与者紧密联系在一起，实现共同的价值。无边界企业基于现有的价值推动因素，并且将发展潜力提升至全新水平。无边界企业重新评估对物理资产、基础架构和人才的需求，并打开通向极致数字化、扩展价值链和新合作关系方法的大门。

"开放性"是无边界企业最重要的特征，没有之一。这种开放性在 3 个层面带来价值：

内部：在企业内部——采用协作性更强、敏捷性更高的工作流程，连接各个部门和职能。

外部：与日益发挥关键作用的企业外部合作伙伴开展

合作，实现企业的核心目标。

外部之外：参与更广泛的生态系统，发挥真正的平台经济效益；并且与希望或需要利用所有平台优势以实现目标的企业开展合作。

内部	外部	外部之外
实体	共享	虚拟
业务平台	联合平台	开创性的业务平台
内部组织	合作关系	生态系统
智能化工作流程	集成工作流程	开放式扩展工作流程
聘用	签约	访问
工具	网络	标准
本地/私有	公有云	混合多云
本地	其他地方	任何地方

无边界企业基于3个层面上的开放性

在过去一年，以虚拟方式访问客户和同事的程度达到了极致，这也导致加速人技接口的重置。一夜之间，新的工具和新的工作方式变得司空见惯。

数字化渠道成为主要的互动来源，释放出新的市场潜力和访问潜力，并为重建同理心、归属感和人际关系带来全新挑战。持续进步的软件和技术解决方案也在不断检验和支持各种工作关系和协作方式。

疫情期间的经历还进一步强化了这个世界的万物互联

程度，加深了人类对自身和地球的影响。因此，在无边界企业的运营环境中，宗旨、意图和更广泛的社会影响发挥出越来越重要的作用。

生态系统确实具备解决气候、健康和平等之类重大问题的潜力。随着可持续发展和利益相关方资本收益成为最高管理层的当务之急，基于技术的新业务模式在这方面发挥着至关重要的作用。

开放

1. 开创性业务平台与生态系统

开放性是无边界企业的决定性特征。最重要的是，开放性有助于推动构想中的业务平台扩展，以包含更广泛的生态系统。企业不仅认识到，结合各种平台有助于抢占新市场，还认识到要形成大规模的影响，就必须联合其他有实力的参与者。通过优化平台经济、开放的连接和无摩擦的互动，无边界企业就能够支持开创性业务平台与生态系统中的所有参与者。

加速

2. 科学和数据主导的创新

无边界企业的开放性有助于快速获取产品和服务创新的新来源。它采用科学的发现方法，不断开展试验，依赖于预测性和前瞻性分析,以可从自身及生态系统合作伙伴访问的海量数据作为坚实基础。越来越多的行业开始理解原先由研发主导的行业（如制药业）所独享的价值——因为后者面向未来而不沉迷于过去,他们挖掘价值链中的信息以激发创造力。

敏捷

3. 扩展的智能化工作流程

智能化工作流程是激发无边界企业活力的法宝。它建立了价值链的支柱,将生态系统的参与者紧密联系在一起。随着工作流程的范围不断扩大,极致自动化、AI、物联网等应用技术的力量将成倍放大,发挥巨大的效率和差异化优势,并使平台更具吸引力。虚拟化在网络、连接和技能互动等方面带来了新的机会,为工作流程注入活力,并显著提高敏捷性。

宗旨

4. 可持续发展与社会影响

无边界企业加强了全球互联互通的程度以及人类彼此之间和人类对地球的影响。它使企业的宗旨和意图与更广泛的社会影响保持一致。随着最高管理层日益重视可持续发展以及利益相关方资本收益,新的生态系统业务模式可帮助提供解决方案，以应对气候、健康、安全和平等之类当今时代的最大挑战。客户、合作伙伴以及员工在与企业的互动过程中，也越来越关注这一点。

文化

5. 包容性的人技偕行

无边界企业采用新工具和工作方式，它充分利用人技接口加速重置的契机，包括面向客户的数字化渠道以及跨流程的无缝虚拟工作方式。但是，我们也认识到，需要建立新型的领导、激励、互动和连接方式，以应对人类同理心、创造力和归属感等方面日益严峻的挑战。

弹性

6. 开放安全的混合云与网络

无边界企业充分利用混合云架构所承诺的灵活性和敏捷性。它使企业能够与业务合作伙伴开放地合作，并充分发挥主要开放技术的潜力以推动创新。因此，无边界企业以强大的网络和安全的技术架构为基础，确保能够在适当的总体架构中运行适当的工作负载，并且具备全球范围的即插即用兼容性。高适应性和高弹性的双重要求是无边界企业之旅的先决条件，许多企业业已开启这一旅程。

第一章

开创性业务平台与生态系统展现威力

IBM 商业价值报告：

无边界企业

> **作者介绍**
>
> Lula Mohanty，IBM Consulting 亚太区总经理。
>
> Jason Kelley，IBM Consulting 管理合伙人，全球战略合作伙伴总经理。
>
> Jamie Cattell，IBM Consulting 管理合伙人，企业战略服务负责人。
>
> Golnar Pooya，IBM Consulting 企业战略与 iX 客户合伙人。

开放性有助于拓展业务平台，以包含更广泛的生态系统。企业不仅认识到结合各种平台有助于抢占新市场，还认识到要形成大规模的影响，就必须联合其他有实力的参与者。通过优化平台经济、开放的连接和无摩擦的互动，无边界企业就能够支持开创性业务平台与生态系统中的参与者。

开放平台与生态系统如何提升价值

无边界企业的最大战略理念是平台思维与生态系统概念的结合。无边界企业将生态系统视为战略的核心，借此促进创新、创造市场以及大幅度提升企业能力。这就要求领导层清晰地认识到与其他企业建立战略关系所带来的增长潜力,以及通过统筹协调其他企业希望和需要参与的扩展业务平台所能获得的竞争优势。

生态系统的开放性有助于扩大其范围,提升价值创造潜力,同时使平台内的实体能够在行业内环境以及新的跨行业组合环境中分享最大的业务成果。

借助数字连接、信息共享和新数据组合的强大力量,生态系统与客户及参与者建立联系的潜力得到进一步释放。借助基于开放、安全的标准和软件定义网络的技术架构,这种合作变得越来越简单。

外部化的业务流程和扩展的工作流程通过结合多种应用技术的强大力量,形成差异化优势,为所有参与者创造新的市场机遇。我们看到,行业内和跨行业的平台与生态系统可提供单个组织无法实现的解决方案和标准。

什么是平台与生态系统?

平台帮助企业利用以其他方式无法获得(因为规模、成熟度或资本等原因)的资源,从而建立竞争优势,并自行开发更强大的产品。平台可以覆盖单个组织中的多个职能领域、某个行业中的多个组织,或者覆盖多个行业、整个消费者市场或一系列技术。在平台上，所有参与者都为其他参与者提供价值，同时利用网络的优势为自己收获更大的价值。

生态系统是持续合作、共同创造和开放创新的基础。它们使工作关系超越交易或策略层面。在生态系统中，网络参与者的集体智慧、能力和技术被用于增强价值主张和创造更大的价值。生态系统可以促进合作伙伴、供应商、客户和利益相关方之间的合作与信任。在组织内部，生态系统有助于打破孤岛，鼓励跨部门协作。

面对这个世界中诸多更严峻的挑战，我们需要这种协作。无论是为了扩大公私合作关系（例如为应对疫情而提供疫苗解决方案），还是协调参与者去推动对气候变化或粮食安全产生可持续的影响，开放、扩展和安全的平台的力量都是显而易见的。

区块链联盟是过去几年出现的一类行业内和跨行业的生态系统活动。他们帮助参与者信任数据、消除成本、提高效率，以及安全地"认识"整个工作流程中的所有参与者。

供应链、溯源和身份等领域首先出现这种应用。可以想象一下，只有结合安全可靠的参与者身份和交易状态识别以及实时同步的即时性,才能创造性地促进平台和生态系统的塑造过程(见图1.1)。

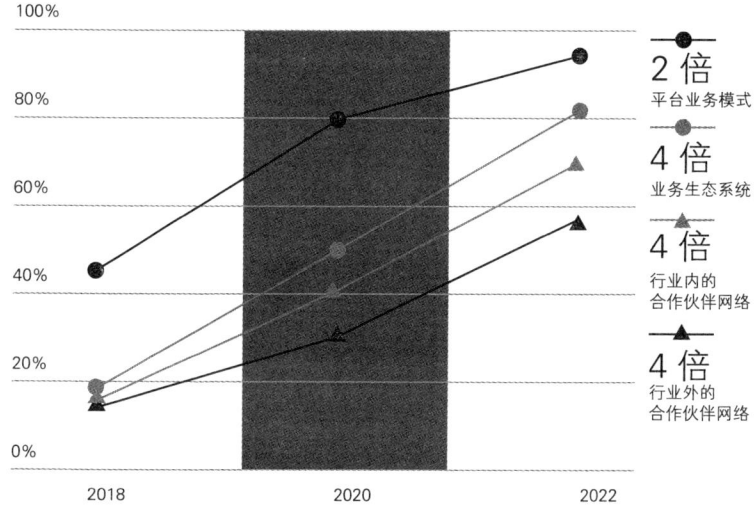

来源:"新冠肺炎疫情与企业的未来:高管的领悟揭示疫情后的机遇",IBM商业价值研究院,ibm.co/covid-19-future-business。

问题:贵公司在多大程度上参与以下网络和业务模式(2年前、目前和2年后)?百分比表示回答"高"或"非常高"的受访者比例;$n=3450$;采访时间:2020年4至6月。

图1.1 企业日益开放

作为迈向平台业务模式的第一步,许多销售实体产品或服务的企业都在创造新的数字体验,以增强原创性。例如,支持实体血液监测的数字服务可以发送警报以触发药理化验。

数字解决方案能够显著降低市场门槛,并建立新的成

IBM 商业价值报告：

无边界企业

本基准——随着商机不断扩大，由共担运营费用取代高昂的资本支出。自动化和零接触方法进一步增强了这种潜力。

利用开放的变革性价值

随着开放成为无边界企业的核心，生态系统逐渐成为提高整个经济体的效益和影响力的引擎。对于正在混乱与颠覆中苦苦挣扎的企业而言，扩大的合作伙伴平台可以促进敏捷性与弹性，带来新的收入机遇。对于正在寻求这些机遇的企业而言，生态系统已经成为增长与扩张的必要手段。

IBM 商业价值研究院（IBV）最新的一项研究表明，16 个行业中最关注生态系统合作的企业，都实现了更高的增长率，创造了更多的商业价值。疫情期间，这些生态系统领先者的收入增长是其他企业的 5 倍。①

但生态系统合作并不会自动产生价值。如果企业继续以陈旧的模拟方式开展运营，那么生态系统的潜力就被浪

---

① Previously unpublished data from 2021 IBM Institute for Business Value ecosystem study.

费了。目前，虽然大多数组织参与和/或拥有各种平台，并制定了生态系统战略，但这些努力仍然可能带来令人失望的结果。企业需要开展目的明确的数字化转型。

企业必须采取经过深思熟虑的正确步骤，从现有和新的生态系统中创造和收获价值。只有适当地培养以价值为中心的战略——管理——系列价值商机及其风险，组织才能充分利用开创性业务平台与生态系统的变革性潜力。

生态系统领先者有何特点？从平台和生态系统收获价值的模式并不唯一。但是，领先者通过确定适合他们企业及其运营环境的独特战略和运营方法，使自己与众不同。

IBV 通过评估以下两个主要方面的成功，确定领先企业：在生态系统中的价值收获期望值，以及在生态系统中的成熟度。领先者表现出高水平的生态系统成熟度，并在具有很高潜力的价值收获环境中运营。

这些企业不是被动应对。面对如此之多的潜在合作关系，以及已投资的合作关系，成功的企业持续关注于保护和提升在这些合作中的地位。

这些生态系统领先者将他们的价值来源描述成："我们拥有客户关系。"一半以上的受访领先者将"加强现有战略合作关系"视为成功的主要因素。他们还增加对创新的投资，包括新产品或新服务；此外还考虑进军新的行业、市场和客户。①

我们发现成功的领先者依赖于 4 个优先事项：②

开放性：60%的领先参与者表示实施了从专有技术向开放技术的重大转变。

客户关系：74%的领先者认为更深入的客户关系是主要的价值推动力量。

创新性：49%的领先者表示，要最大限度创造价值，创新必不可少。

敏捷性：42%的领先者认为缺乏组织敏捷性是成功的最大障碍之一。

无边界企业利用平台与生态系统，让这些优先事项成为现实。此外，有 3 项主要洞察有助于激活这些优先事项：

——连通性

——合作关系

——技术

---

① Previously unpublished data from 2021 IBM Institute for Business Value ecosystem study.

② Previously unpublished data from 2021 IBM Institute for Business Value ecosystem study.

连通性推动实现增长与价值

开放平台和生态系统为增长、效率和创新提供了新途径。

无边界企业利用开创性业务平台与生态系统乃是出于以下切实可行的理由：连通性推动实现增长与价值。

生态系统合作不断推动实现卓越的绩效。根据 IBV 最近的一项调研，那些投资生态系统的技术采用者获得了 40% 的收入增长。[①]

要取得这样的成功，需要具备精通数字技术的现代运营模式和思维方式。通过让企业瞄准业务优先事项，并优化生态系统合作，就能够对绩效产生显著的影响。无边界企业将生态系统放在战略的核心地位，借此激励创新、创造市场以及大幅度提升企业能力。

连通性源自对平台的承诺，IBV 的专项研究表明，这

---

① Payraudeau, Jean-Stéphane, Anthony Marshall, and Jacob Dencik. "Digital acceleration: Top technologies driving growth in a time of crisis." IBM Institute for Business Value. November 2020. Previously unpublished data. https://ibm.co/digital-acceleration.

种承诺正大范围加码。事实上，大多数受访企业表示，他们将在未来3年内拥有或参与业务平台，以支持自己的市场扩张、效率提升和创新战略（见图1.2）。另外，至少60%的受访企业表示将拥有或参与内部跨职能平台、大众消费者平台、跨市场平台以及跨行业平台。72%的受访者表示将拥有或参与技术平台。

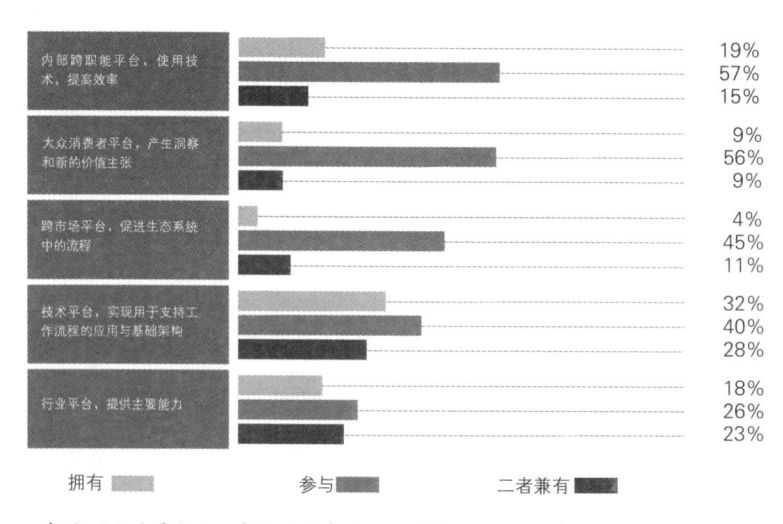

平台类型	拥有	参与	二者兼有
内部跨职能平台，使用技术，提高效率	19%	57%	15%
大众消费者平台，产生洞察和新的价值主张	9%	56%	9%
跨市场平台，促进生态系统中的流程	4%	45%	11%
技术平台，实现用于支持工作流程的应用与基础架构	32%	40%	28%
行业平台，提供主要能力	18%	26%	23%

来源："无边界企业：虚拟世界中的认知型企业"，IBM商业价值研究院，https://ibm.co/virtual-enterprise。

图1.2 平台业务模式活动预测（2023年）

平台使供应链分散，从企业内部转移到外部，将传统的运营和支出转移到更大的网络中，并加快履约和价值实现速度。

是否已准备好通过连通性促进增长？

问题1：贵公司的业务平台如何拥抱更广泛的生态系统？

问题2：贵公司将采用哪些以价值为中心的战略和计划，以管理平台与生态系统的价值机遇以及相关风险？

问题3：贵公司的目标与策略如何提高平台参与度和生态系统成熟度，以创造和收获价值？

SBI YONO：利用平台与生态系统刺激增长

印度国家银行（SBI）已有200多年的历史。然而近年来，尽管印度经济蒸蒸日上，但该银行却发现自己逐渐失去市场份额。为了吸引年轻一代数字技术达人型客户群，该行创建了数字银行、第三方产品的在线市场，以及冠以新品牌SBI YONO（"You Only Need One"）的数字金融超市。SBI YONO与100多家电子商务销售商合作，迅速发展成为一个移动平台，每天登录超过1000万次，下载量达到6400万次。

自从这个生态系统建立以来，SBI已通过YONO实施了100多个数字客户体验项目，处理了超过65万次共同基金交易，并销售了40多万份人寿保单。SBI

> 的2020年年报中几乎每一页都提到了YONO，总共提到至少96次。如今，为了成功地在扩展的生态系统中创造和收获价值，SBI的战略已转移到扩大的网络范围，因为它平均每月要为平台增加15个新的用例。

更深层次的合作关系成为战略驱动力量

合作关系已成为大多数企业寻找价值的必由之路。通过重点关注数量更少但更深入的生态系统组合，制定增长计划。

无边界企业并非在真空中运营。它依靠合作关系，利用平台和生态系统的力量——在最理想的状况下，连接生态系统中的生态系统。

生态系统的领先者并不只是狭隘地关注自己企业的短期交易收益。他们将眼光投向针对所有参与者的更广泛的生态系统价值机遇。事实上，根据IBV的调研，72%的生态系统领先者强调，业内竞争对手也可从生态系统中收获价值，67%的领先者还表示甚至行业外的竞争对手都可获得价值。①

这个领先群体将生态系统合作视为双赢的游戏，而不是引发竞争焦虑：当其他企业的生态系统价值提升时，也有助于自身企业抓住更多商机。

这些调研结果表明了参与者为生态系统带来积极影响的重要性，不能仅仅关注于眼前的竞争收益。这种积极的影响可以促进生态系统在业内以及跨行业的发展，甚至连接到其他生态系统，创造一个包容性的生态系统之生态系统，以创造和收获更多价值（见图1.3）。

合作关系是建立生态系统之生态系统的重要战略工具。IBV的另一项调研显示，54%的受访高管认为整合生态系统是他们组织进行数字化转型的最重要驱动因素之一。②

需要记住一个关键障碍：由于企业参与多个平台和生态系统，因此他们可能多管齐下，实施多种战略。如果某

---

① Previously unpublished data from 2021 IBM Institute for Business Value ecosystem study.

② Payraudeau, Jean-Stéphane, Anthony Marshall, and Jacob Dencik. "Unlock the business value of hybrid cloud: How the Virtual Enterprise drives revenue growth and innovation." IBM Institute for Business Value. July 2021. ibm.co/hybrid-cloud-business-value.

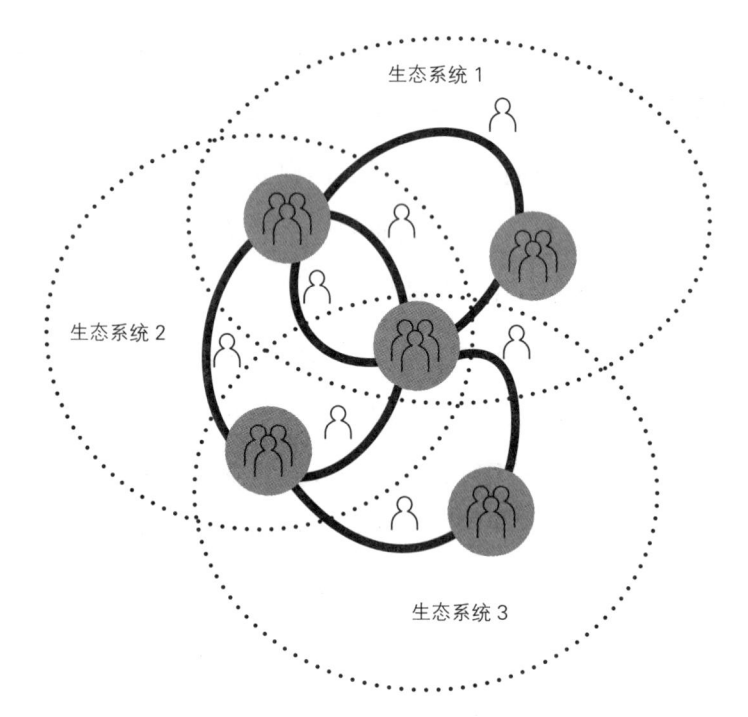

图 1.3 一切皆为动态：生态系统之生态系统

个企业的生态系统优先任务（可能多种多样，范围广泛）与企业绩效优先任务和单一的企业总体战略愿景不一致，则可能会限制价值的收获。事实上，即使仅参与一个生态系统，这种一致性对于优化价值收获也是至关重要的。

贵公司是否已准备好建立更深入、更具战略意义的合作关系？

问题1：如何让企业的所有部门都参与进来，以实现通过创建和培育战略生态系统合作关系所带来的增长潜力？

问题2：贵公司如何增强平台与生态系统的可行性和创造性，包括支持安全可靠地识别参与者以及明确交易状态？

问题3：对于建立新的合作关系以及生态系统之生态系统，贵公司有何计划？是寻找新的市场商机、将业务流程推向外部、扩展智能化工作流程、获取呈指数级发展的技术，还是采取上述所有措施？

> **数字健康通行证：通过合作关系应对疫情时代的挑战**
>
> 数字健康通行证（Digital Health Pass）帮助组织在新冠肺炎疫情之后重新开放，并为个人提供一种保护隐私的方式，自愿分享他们的新冠病毒检测结果或疫苗接种状态。这是在所有现有生态系统中跨行业合作的结晶。
>
> 组织可以根据数据做出明智决策，正确配置健康通行证，以便缓解风险，在需要的地方采取行动，并有效地进行沟通。IBM围绕数字健康通行证积极投资，与核酸检测和疫苗接种提供商、科技企业以及其他协会和联盟开展合作。

IBM 商业价值报告：

无边界企业

> 这个基于 IBM 区块链技术的解决方案使组织能够有效地验证新冠肺炎健康凭证，确保员工能够顺利返岗复工，旅行者能够顺利出行，学生能够顺序复课，音乐会观众能够回到音乐厅，球迷能够回到球场。同时，还支持个人保持对自己健康信息的控制权，以一种安全、可验证和可信的方式进行分享。

技术与开放性是加速实现价值的基础

以开放和标准为原则的新兴技术，如区块链和混合云，为这一机遇的加速发展奠定了基础。

*技术平台是无边界企业的支柱。*现代业务生态系统乃是基于技术以及数字平台所提供的开放、可信、创新的合作。

IBV 调研表明，从 2017 年起，组织开始越来越重视技术平台，在这方面的投资增加了 84%。投资水平继续加速，对这些投资的预期回报也水涨船高（见图 1.4）。受访高管预计到 2023 年，将收入的近 6% 投资于技术平台，并

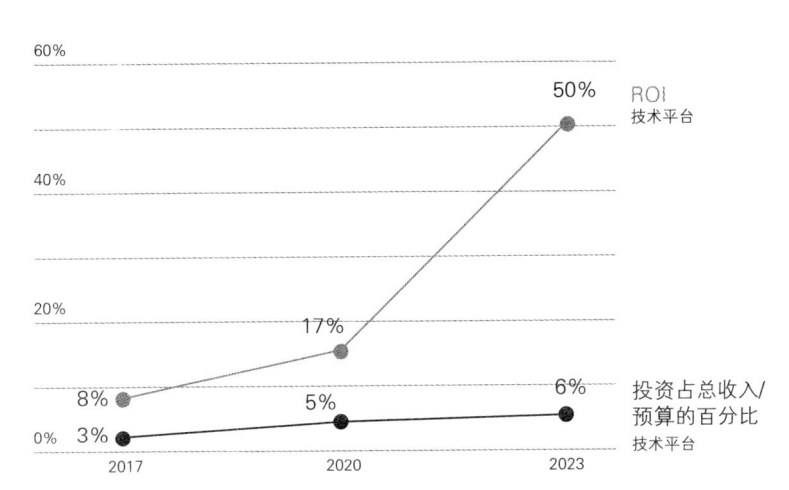

从中获得近12%的回报。[1]

```
60%
                                              50%  ROI
                                                   技术平台
40%

20%        17%
                                              6%   投资占总收入/
      8%                                           预算的百分比
0%    3%            5%                             技术平台
      2017          2020                      2023
```

来源："无边界企业：虚拟世界中的认知型企业"，IBM 商业价值研究院，https://ibm.co/virtual-enterprise。

图 1.4 数字平台投资和回报的增长

尽管有这样积极的发展路线图，但 2020 年给我们的教训非常清楚——许多企业的技术成熟度仍然滞后。事实上，在近期开展的一项 IBV 调研中，受访者反复提到了与技术相关的因素阻碍战略的实施：44% 的受访者抱怨企业技术基础架构的现状以及在连接各种运营方面的技术难度所带来的风险，43% 的受访者指出组织敏捷性不足，39%

---

[1] Foster, Mark. "The Virtual Enterprise: The Cognitive Enterprise in a virtual world." IBM Institute for Business Value. May 2021. https://ibm.co/virtual-enterprise.

的受访者强调技术投资不够。①

而突破这些障碍的解决方案就是技术本身。通过融合呈指数级发展的技术，比如 AI、区块链、边缘计算以及混合云，就能够使开放、扩展、可信的生态系统更紧密地结合在一起，实现更高的智能化水平，从而不仅能够提供解决方案，还可限制而不是加剧风险。例如，在 IBV 近期开展的另一项调研中，3/4 的受访者表示建立混合云有助于拉近各个生态系统之间的距离，39% 的受访者表示他们希望混合云可以通过扩展合作伙伴解决方案来加速创新。②

贵公司具有哪些能力，支持采用开放技术平台？

问题 1：贵公司如何积极利用技术和开放性，创建或参与基于行业和跨行业的生态系统？

问题 2：贵公司将以何种方式投资于平台差异化、信任与安全性，从而转变业务模式，创造新的增长机遇，并确定新的成本和效率基准？

问题 3：贵公司打算如何通过融合呈指数级发展的技

---

① Previously unpublished data from 2021 IBM Institute for Business Value ecosystem study.
② Payraudeau, Jean-Stéphane, Anthony Marshall, and Jacob Dencik. "Unlock the business value of hybrid cloud: How the Virtual Enterprise drives revenue growth and innovation." IBM Institute for Business Value. July 2021. ibm.co/hybrid-cloudbusiness-value.

术，如 AI、自动化、区块链、物联网、混合云以及量子计算，加速实现企业目标和开放性？

Schlumberger：利用前沿技术与开放性提高绩效

Schlumberger 提供领先的数字解决方案，部署创新技术，以帮助全球能源行业提高绩效，促进可持续发展。该公司利用 DELFI 认知勘探与生产（E&P）环境，支持客户的团队跨界自由协作，打破传统的数据孤岛，从而加速云迁移之旅。

在 DELFI 环境中，能源企业可以访问 Schlumberger 领先的 E&P 解决方案和应用，创建新的数据驱动型工作流程，并采用 AI、分析和自动化等颠覆性技术。通过"一次编写，随处部署"方法，根据特定于客户的请求，更快地开发应用和工作流程，实现整体平台绩效，从而加快推出和部署更多的服务。预计客户的总体拥有成本（产品、服务与运营成本）可降低 10% 到 20%。

全球各地的客户与合作伙伴可将其 DELFI 环境部署与 OSDU™ Data Platform（能源数据的行业标准）集成在一起。Schlumberger 的目标是扩大全球市场范围，从目前的不到 50% 扩大到覆盖几乎整个世界。

行动指南

将平台与生态系统转化为价值

无边界企业是未来经济的重要支柱。正如 IBV 研究所证实的那样,平台与生态系统的作用比以往任何时候都更加突出,对于推动企业绩效至关重要。根据具体情况调整战略,释放业务价值。通过调整活动和目标,收获业务价值。

开放思想以及生态系统和平台思维可实现非常可观的战略性飞跃,并且可以成为企业战略的核心。平台与生态系统必须处于企业的核心,而不是作为业务的附加方面处于边缘。扩展的生态系统战略变得越来越有吸引力,越来越有价值,而虚拟化和新的连接模式可以帮助规模较小的参与者(包括中小企业甚至个人)参与其中。

成为生态系统中有效的虚拟参与者也具有重要的文化意义。生态系统需要成为主要的社会系统、互动焦点以及参与组织的力量来源。企业的角色及其核心能力必须与此意图保持一致。领导团队在做出共同承诺并建立开放文化时,需要建立互信,这意味着需要放弃许多专属的所有权和控制权。

以下是将平台与生态系统的潜力转化为价值的六大步骤：

调整战略

——确定价值创造与价值收获机遇。

——优先考虑与这些机遇保持一致的推动因素，以大规模和快速地实现价值。

——检验并确认价值收获和价值实现过程满足特定的里程碑。

转变模式

——评估任何新战略对运营模式的影响。

——准备调整模式，确保企业的所有部门协同工作。

——发展旨在实现生态系统价值的基础能力。

增强文化

——培养强调协作和共同创造的思维模式转变。

——建立激励机制与目标，减少对短期交易机会主义的关注，支持协作与共同创造。

——投资那些能够推动内部和外部共享、合作与开放的项目。

统筹参与

——定义各种合作伙伴角色、主要规则以及必要的协作工具。

——确认贵公司在生态系统中的作用（和想要发挥的作用）以及新的或隐藏的价值可能存在的位置；并非所有参与者都采用相同方式或在相同层次发现价值。

——支持整体网络发展，这有助于所有参与者创造和收获价值。

敏捷执行

——采用敏捷的执行机制。

——利用共同创造、共同执行和共同运营，加速创意开发和价值收获（使用端到端的 Garage 模型）。[1]

——在推动实时进展的同时，根据实验和有利机遇采取行动。

促进未来发展

——投资于开放和安全的技术架构，以满足快速整合、参与和扩展的需要。

——利用现有架构进行快速扩展。

——拥抱可扩展的开放式混合云技术，支持新参与者大规模地无缝整合。

---

[1] "IBM Garage: Where innovation and transformation come together for the enterprise." IBM. https://www.ibm.com/garage.

第二章

科学和数据主导的创新迸发火花

> **作者介绍**
>
> Glenn Finch，IBM Consulting，认知型企业决策支持，全球管理合伙人。
>
> Teresa Hamid，IBM Consulting 业务转型服务，CTO 兼副总裁。
>
> Tetsuya Nikami，IBM Consulting 高级合伙人，IBM 日本 CTO 和云技术 CTO。

无边界企业采用科学的发现方法，不断开展试验，依赖于预测性和前瞻性分析，以来自自身及生态系统合作伙伴的海量数据作为坚实基础。越来越多的行业开始理解原先由研发主导的行业所独享的价值——因为后者挖掘价值链中的信息以激发创造力。

科学和数据主导的创新如何带来新的解决方案

从根本上而言，无边界企业具有前瞻性和外向性的特征。它并不试图基于历史和内部信息来开展创新或推动决策,而是通过结合基于海量数据的预测性分析和前瞻性分析以及新型集体智慧来做到这一点。

无边界企业还更加严格地采用更深入的科学探索方法来进行创新。新冠病毒疫苗仅用了数月而非数年就完成了研发和试验,科学探索在其中厥功至伟。如果可以将类似的加速方法应用于业务创新,将会如何?

长期以来,针对假设开展试验、模拟和检验成为科学探索的核心。对于众多行业的无边界企业而言,通过使用AI、IoT 和量子计算等呈指数级发展的技术,就能够以前所未有的速度实现类似的业务流程(见图 2.1)。

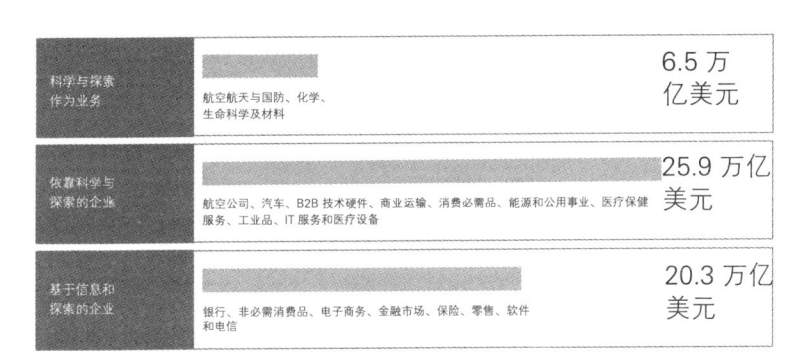

科学与探索作为业务	航空航天与国防、化学、生命科学及材料	6.5 万亿美元
依靠科学与探索的企业	航空公司、汽车、B2B 技术硬件、商业运输、消费必需品、能源和公用事业、医疗保健服务、工业品、IT 服务和医疗设备	25.9 万亿美元
基于信息和探索的企业	银行、非必需消费品、电子商务、金融市场、保险、零售、软件和电信	20.3 万亿美元

来源:来自 IBM 研究院"战略业务洞察"的数据与研究;Sally Ward-Foxton 著,"加速发现:AI 与科学方法",EE Times,2021 年 1 月 19 日。https://www.eetimes.com/accelerated-discovery-ai-and-the-scientific-method/。

图 2.1 科学与探索推动各行各业的创新,在 88 万亿美元的世界经济中贡献了 52 万亿美元

035

现在，所有这些探索活动都可通过生态系统和智能化工作流程实时执行，从而使无边界企业能够更迅速、更有效地发现并挖掘新的价值池。数据科学家利用无边界企业及其生态系统中的开放架构，成倍放大数据共享的优势，包括只有极致数字化才能实现的微观洞察。神经网络和其他技术可以分解最关键和最复杂的问题，帮助确定令人兴奋的新颖解决方案。

什么是科学和数据主导的创新？

科学和数据主导的创新通过动态持续地发现新的机遇和解决方案，提高企业的竞争优势。科学和数据主导的创新遵循科学的试验方法（假设、检验、学习），既利用新技术，也利用由传感器、信息共享和其他连接方法带来的爆炸式增长的新数据。借助开放而严格的方法，这种数据与技术的交汇可以持续产生宝贵的流程改进，并且为曾经无法回答的问题带来解决方案。开放式协作是科学和数据主导的创新的核心推动要素和要求。敏捷开发和 IBM 车库方法就是很好的例子，说明如何充分发挥试验的力量，开展共同创造、共同执行和共同运营，从而产生大规模的影响。

随着 AI 和机器学习的模式识别能力越来越强，工作流程优化解决方案变得更加清晰和有效。通过智慧地运用科学方法，可以进一步放大跨行业合作关系和联盟的作用，进而推动整个生态系统范围内的创新。

以数据为主导的创新在无边界企业的多个层面上开展。它可以在基本的洞察层面开展，通过对客户数据执行特定分析，推动服务主张的重塑。它可以在工作流程层面开展，通过持续监控和深入分析某个流程中的活动和表现，确定需要改进之处，提出自动化干预或人工干预建议。

它也可以在平台层面开展，通过分析来自整个企业和各个业务合作伙伴的数据源，确定市场缺口和产品或服务创新机会，从而发现更深层的组合商机。但是，它在广泛的生态系统层面具有最大的构想和突破潜力——大规模的数据、意见和参与者不仅能够加速推动构想的形成过程，而且更重要的是，还能促进发明创造活动的执行和扩展。这就是虚拟模式和生态系统日益成为解决我们所面临最大挑战的方案的原因。

IBM 商业价值报告：
无边界企业

借助虚拟化和开放性、综合社区以及呈指数级发展的工具，加速探索过程

新冠肺炎疫情危机深刻地改变了企业的运营方式，加快了供应链、制造、分销、员工队伍构成、消费者行为等方面的转型步伐。这种持续的加速要求企业具备前所未有的敏捷性和响应能力。管理这种新情况的工具和方法来自科学，它们自身也有助于放大加速的效果。

在疫情之前，许多企业就已经开始使用分析技术和AI来改善业务流程。企业通过使用这些技术，以及日益关注对核心企业数据资产（如用户或交易数据或企业工作流程模式）的研究，为消除、数字化和自动化从生产到计费过程中的多项任务铺平了道路。

领先的组织依靠智能自动化，帮助降低成本，提高工作流程效率。他们构建由AI驱动的自动化和智能化的工作流程，在运营连续性和响应客户需求之间实现平衡。这些工作流程包含预测性智能，如动态客户响应、预防性维护和实时库存状态感知等。这种自动化能力有助于实现数

第二章　科学和数据主导的创新迸发火花

字支持的决策，使企业能够快速确定下一步最佳行动、对其进行优先级排序并提出建议。来自机器传感器和物联网技术的数据有助于进一步增强工作流程自动化，实现实时洞察和预测。

无边界企业进一步落实这些实践，利用丰富的外部信息（无论是与全球健康、气候还是其他生态系统状况相关的信息）指导决策，调整运营和战略。

企业需要利用探索发现工具，消化吸收来自核心以外的信息（也就是有关政治、环境、社会动态和其他行业的信息），以保护和扩展业务连续性与企业弹性。科学和数据主导的创新就是此过程的一个实例：通过快速收集数据，为决策提供信息支持；通过强调科学严谨性，帮助发现知识和管理风险。高管们逐渐认识到这种创新能够带来的差异化优势，超过3/4的受访高管表示，他们的竞争优势在于能够利用探索发现方面的洞察。[①]

新兴的无边界企业由探索发现驱动，充分发挥价值链的优势。科学一直是生命科学、化工和材料等行业的核心。其他行业（例如能源与公用事业、医疗保健和技术硬

[①] Previously unpublished data from the 2021 IBM Institute for Business Value Chief Technology Officer Study.

件行业）的企业依赖于科学的成果和产出，由地质学、医学、物理学或其他领域的科学进步推动。

如今，所有企业都必须在信息的驱动下运营。通过大规模应用科学方法和试验，并以数据和人工智能为基础，他们可以获得有关市场和管理实践的新信息，从而在业务战略、产品开发和运营等领域推动关键的改进。

领先者有何与众不同之处

科学和数据主导的创新是什么？随着探索发现对于企业的推动作用越来越大，组织需要在文化、技能、业务流程、工具和平台等领域进行转型。试验必须在整个组织范围以无摩擦的方式大规模开展，才能保证卓有成效。探索发现文化以证据为依据，因此需要适应能力和开放性。

这些转型为企业的探索发现工作提供动力；推动气候、工作和健康等领域的进步；并开展广泛的工作以加快探索发现的速度。除了传统的 AI 工具外，企业还需要使用混合云平台，以支持大规模试验。量子计算的加入将开辟更多新的可能性。

AI 通过研究人员的工作方式，帮助确定最高效的工作流程。然后，将这些任务移交给传统或量子系统（一台或多台使用传统计算系统的量子计算机），最佳选择视具体情况而定。信息技术专家建立工作流程后，用户无须知道计算在何处或如何完成，也无需具备有关量子计算的任何专业知识。

要实施必要的转型，以培养采用科学和数据主导创新的发现型文化，我们建议重点关注4个领导能力优先事项：

团队合作：在近期开展的一项IBV调研中，50%的受访高管将团队环境中的协作能力视为后疫情世界中的核心员工队伍能力。[1]

生态系统重点：在近期的一项调研中，78%的受访CTO表示，他们使用发现驱动的机制，找到更广泛生态系统中的创新。[2]

数字化：受访高管预测，到2023年，他们所在组织中的虚拟员工和客户参与能力将是2017年的近三倍。[3]

数据优势：67%的高管了解数据的战略价值，而58%

---

[1] Previously unpublished data from the 2021 IBM Institute for Business Value Virtual Enterprise Survey.

[2] Previously unpublished data from the 2021 IBM Institute for Business Value Chief Technology Officer Study.

[3] Previously unpublished data from the 2021 IBM Institute for Business Value Virtual Enterprise Survey.

的高管可以实时访问数据以创建切实可行的洞察。①

无边界企业重视这些优先事项,支持科学和数据主导的创新,加快探索发现的速度。三项关键洞察构成这种支持的基础。这三项洞察分别侧重于:

——虚拟化和开放性

——综合社区

——呈指数级发展的工具

虚拟化和开放性有助于促进整个生态系统范围的探索发现

从根本上说,无边界企业具有外向性和前瞻性特征,能够利用新型数据和智能。

无边界企业通过使传统工具实现虚拟化,发挥科学创新能力,更快、更好地开展试验、假设和测试。这种企业依赖于开放式科学实践。

---

① Previously unpublished data from the 2021 IBM Institute for Business Value Virtual Enterprise Survey.

在最早的时候，科学基于经验和理论。人们观察和测量各种现象，例如物体的运动；假设和预测它们发生的原因；然后反复检验。计算机以及最新的 AI 和超级计算机改变了这一切，帮助人们迈入分析时代。我们现在可以采集海量数据，并开发模型以模拟系统的行为。无边界企业重新定义了传统基础架构，以使人才能够在员工队伍、合作关系和生态系统中优化相关能力。加快探索发现过程是未来增长的核心，82% 的 CTO 认同这一点。[①]

必须有的放矢地设计系统和流程，以便催生开放式协作和科学探索。扩展的智能化工作流程必须具备数字灵活性，例如，一台计算机可以同时被多个用户用作多台独立的计算机，从而优化敏捷性和安全性。这些进步有助于简化探索发现工作流程的定义，灵活地管理和部署流程，以及大规模加速推进科学探索。认识到这些优势后，高管告诉我们，他们不断加码各个职能领域的虚拟化工作（见图 2.2）。

混合云环境有助于进一步增强探索发现过程，提高生产力、协作、整合以及科学可复制性水平；同时提供一种

---

① Previously unpublished data from the 2021 IBM Institute for Business Value Chief Technology Officer Study.

IBM 商业价值报告：

无边界企业

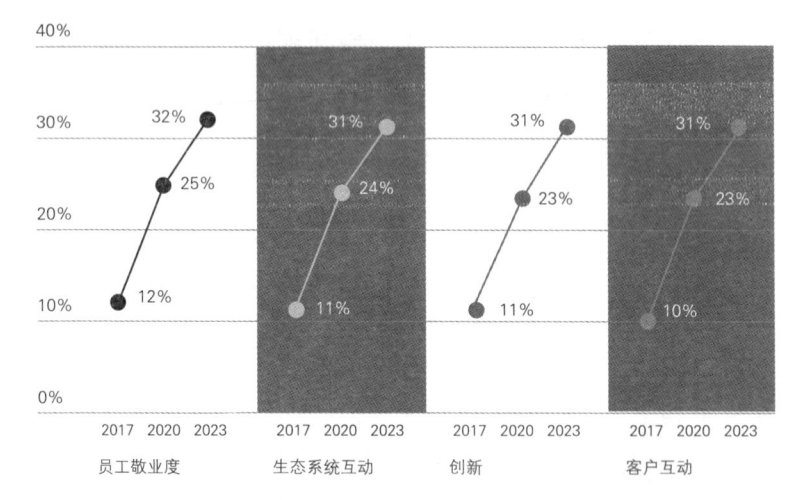

	2017	2020	2023
员工敬业度	12%	25%	32%
生态系统互动	11%	24%	31%
创新	11%	23%	31%
客户互动	10%	23%	31%

来源：来自 2021 年 IBM 商业价值研究院无边界企业调研的未曾发布的数据。
问题：贵公司以下活动有多大比例已实现/将实现虚拟化？

图 2.2 组织持续对越来越多的活动实现虚拟化

获取反馈的方法，帮助改进平台并进一步提高采用率。混合云技术栈中存在大量的创新机遇，例如重塑中间件（位于操作系统和用户应用之间的软件），以及改进计算机之间的分布式处理，等等。

贵公司是否具备外向性和前瞻性，能够加速探索发现过程？

问题 1：贵公司如何开展开放式科学实践，从而使员工、合作伙伴以及生态系统能够参与到持续的探索活动中？

问题 2：贵公司如何展望基础架构和虚拟化工作的发

展，以支持科学和数据主导的探索发现？

问题3：贵公司如何将快速和持续的试验融入企业文化的核心？

埃克森美孚：优化全球海运

如何统筹协调数万艘穿梭在大洋上运送大量消费品的商船？大约90%的世界贸易依赖于海运。海洋上每天有超过50000艘船装载着多达20万个集装箱，运输价值14万亿美元的货物。

就全球规模而言，传统计算机难以优化如此量级的航运路线。埃克森美孚（ExxonMobil）和IBM联合组建的研究团队使用该场景，研究如何借助量子计算机处理优化问题。

埃克森美孚与IBM合作，探索量子计算算法，以进一步解决全球航运的复杂性。研究人员应用不同策略，模拟海运航线，最终目标是优化船队管理。他们计算旅程，以最大限度减少商船在全球旅行的距离和时间。

这不仅有利于全球航运，而且研究成果还可以扩展应用于众多不同的生态系统。显然，路线安排问题

> 不仅限于船运行业,研究人员表示,他们的研究成果还可以轻松应用于其他有时间限制的车辆优化问题,例如与货物配送、车辆共享服务或城市垃圾管理有关的问题。

探索社区有助于提升所有方面的价值

无边界企业运用科学探索原则,对企业、平台和生态系统以及产品、服务和业务模式进行创新。

无边界企业不会孤立地开展科学探索活动。超过2/5(42%)的受访企业预计,未来3年内,自己的大部分创新将来自与客户以及生态系统合作伙伴的开放式合作。[①]

这项工作的核心是"发现社区",它正成为践行和推进科学探索的新模式(见图2.3)。它们依靠开放的科学实践,在生态系统之生态系统中开展动态知识传播和精心协

[①] Previously unpublished data from the 2021 IBM Institute for Business Value Virtual Enterprise Survey.

调的协作。之所以建立这些由目标驱动的发现社区，主要原因包括基础架构共享、创新竞争力以及共同的使命感。它们在多个云中运行，具有出色的可移植性、弹性容量、基于 AI 的工具和安全功能。

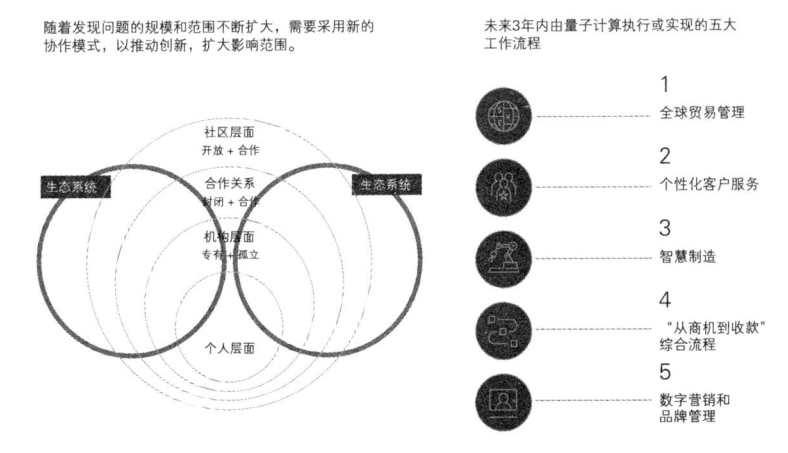

随着发现问题的规模和范围不断扩大，需要采用新的协作模式，以推动创新，扩大影响范围。

未来3年内由量子计算执行或实现的五大工作流程

1 全球贸易管理

2 个性化客户服务

3 智慧制造

4 "从商机到收款"综合流程

5 数字营销和品牌管理

来源："IBM 科学技术展望2021。" IBM 研究；来自 2021 年 IBM 商业价值研究院无边界企业调研的未曾发布的数据。

图 2.3　扩展科学方法需要发现社区

现代科学探索发现过程需要做到结果可复制、出色的协作以及有效的沟通，以便能够进一步扩展。如果未利用这些社区中丰富的知识、创造力和资源，企业就无法保持竞争力。在社区中执行的科学探索发现模型是下一代高价值工作流程和工作负载的初期形式。

利用发现社区来寻找大规模问题的解决方案，有助于

IBM 商业价值报告：
无边界企业

扩大影响力，形成加速发现和创新的良性循环，从而造福社会。

如何将发现社区融入业务战略？

问题1：贵公司如何参与和鼓励发现社区的发展？

问题2：贵公司如何利用组织外部的科学发现成果，以及在多大程度上开放地共享在内部发现的科学进步和数据？

问题3：贵公司的技术系统和云流程在多大程度上有效支持内部和外部的协作式探索发现？

哈特里国家数字创新中心：通过社区加速发现探索

英国研究与创新中心科学与技术设施委员会（STFC）正在创建致力于发现探索的社区。英国达斯伯里地区的哈特里国家数字创新中心（HNCDI）的使命是：通过降低采用创新数字技术的试验和探索风险，为英国企业和公共机构提供支持。

这项计划由哈特里中心与 IBM 合作发起，应用 AI、高性能计算和数据分析、量子计算以及云技术，加速探索和开发创新型解决方案，应对材料研发、生命科学、制造和环境可持续性等行业挑战。在此过程中，HNCDI 将帮助企业提高生产力，创造新的高技能工作岗位，以及促进地区和国家经济增长。

HNCDI 通过以下措施，帮助组织驾驭数字技术采用的 4 个主要阶段：提供触手可及的培训和以应用为中心的技能；帮助人员充分利用数字技术；探索和发现企业取得成功所需的技术；将奇思妙想转化为切实的数字化行业解决方案；探索发现为英国经济未来发展保驾护航的新兴技术，并为之做好准备。除了 IBM 量子计算与混合云资源之外，参与该计划的科学家还可以利用大量专注于材料设计、扩展和自动化、资产管理、供应链以及可信 AI 的 IBM 商用和新兴 AI 技术的组合。

呈指数级发展的工具和系统加快探索发现的速度

新型数据和新兴技术（例如流程挖掘、神经网络、群体智能和量子计算）为加速实施有目的性和洞察主导的试验和创新提供了全新机遇。

您可能还记得孩提时代学到的科学方法的基本原则：从观察开始，然后提出疑问，进行假设，开展试验，获得结果，最终得到结论。借助传统计算，我们可以加快这一过程。

然而，尽管传统计算的功能非常强大，但它在面对呈指数级增加的问题时，暴露出根本性的局限性。AI和量子计算等新兴技术展现出加速科学探索发现的巨大潜力。无边界企业将这些新兴技术作为不可或缺的强大工具。

想一想有关mRNA研究的惊人影响。mRNA是一种单链RNA分子，与基因的DNA链之一互补。① 这项研究加速了新冠病毒疫苗的研发进程，从解码病毒到形成疫苗只用了短短数周的时间，并在一年内实现疫苗的广泛接种。之所以能够实现这样的成绩，原因是我们积累了十余年的mRNA研究成果。②

传统计算、AI和量子计算这"三驾马车"为试验和

---

① "Messenger RNA (mRNA)." National Human Genome Research Institute. Accessed March 19, 2021. https://www.genome.gov/genetics-glossary/messenger-rna.

② Wright, Lawrence. "The Plague Year." The New Yorker. December 28, 2020. https://www.newyorker.com/magazine/2021/01/04/the-plague-year.

科学方法加油提速，显著加快了获得结果的速度（见图2.4）。前所未有的复杂系统建模能力有助于加速采集、整合与验证的过程，帮助我们更快得出结论。我们已经可以使用 AI 自动生成假设，并使用机器人实验室自动开展物理实验。

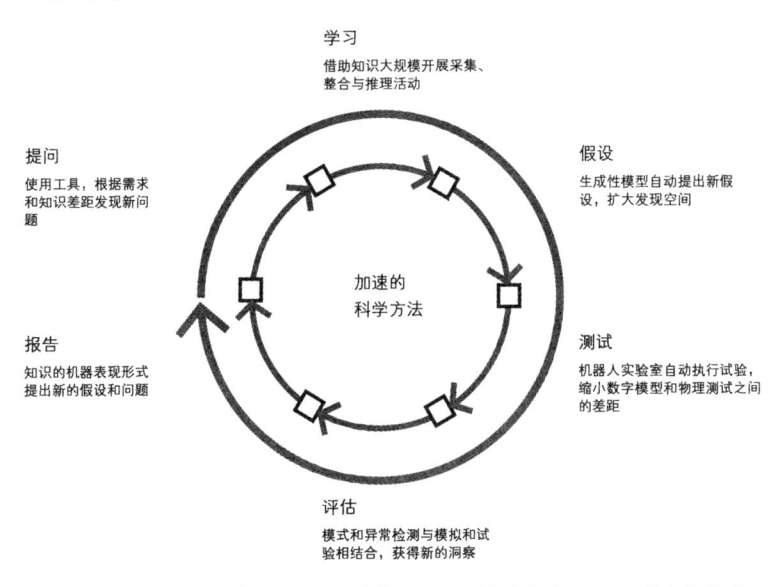

学习
借助知识大规模开展采集、整合与推理活动

提问
使用工具，根据需求和知识差距发现新问题

假设
生成性模型自动提出新假设，扩大发现空间

加速的科学方法

报告
知识的机器表现形式提出新的假设和问题

测试
机器人实验室自动执行试验，缩小数字模型和物理测试之间的差距

评估
模式和异常检测与模拟和试验相结合，获得新的洞察

来源："量子十年：培养意识、做足准备和取得优势的策略"，IBM 商业价值研究院，2021 年 7 月。

图 2.4　传统计算、AI 和量子计算的结合将试验提升到全新水平

利用现有的计算能力，我们可以对化学系统建模，移动单个原子，模拟某些材料在数百万次使用中的表现或反应。但是，有些挑战还是超出我们的能力范围，例如数据不可用、不清晰或不精确等问题。量子计算实现了跨越式的发展，有望最终为这些棘手的挑战创造解决方案。

量子计算机能够在几分钟内分析传统计算机可能需要几个世纪才能解决的问题，因此有潜力在物流和材料或药物发现等领域掀起革命性的颠覆浪潮。量子驱动的工作流程和加速的发现过程可帮助无边界企业重新思考和重新塑造现有的工作流程，从而以新的方法、新的效率和新的途径与客户、合作伙伴以及员工合作。通过建立扩展的智能化工作流程，将特定任务转交给量子计算机及其衍生的创新产物来处理。

通过加速探索发现过程，更快地将知识转化为实践，我们有望在医疗保健、新材料发现、太阳能电池板效率改进、风力涡轮机和电池寿命等众多领域实现新的飞跃。

贵公司是否有能力采用呈指数级发展的工具？

问题1：贵公司为了加速创新而使用的科学工具和数据的先进程度如何？

问题2：贵公司是否探索与呈指数级发展的技术领域的专家合作，以将组织的洞察和信息与更大范围的资源池和更快的工具相结合？

问题3：有关量子计算对企业、行业、合作伙伴平台和生态系统的影响,贵公司有多深的理解?

Cleveland Clinic
充分发挥云、AI 和量子计算的潜力

非营利性多专科学术医疗中心 Cleveland Clinic 在心脏治疗领域排名第一,他们正与 IBM 合作建立 Discovery Accelerator 中心,部署混合云、AI 和量子计算技术,从根本上加快医疗保健和生命科学领域的医学发现速度。

Cleveland Clinic 的研究人员使用先进的计算技术,生成并分析海量数据,以加强对基因组、单细胞转录组、临床应用、化学和药物发现以及人口健康的研究,包括发现应对新冠肺炎疫情等公共卫生威胁的新方法。

该中心将依靠 IBM 的新一代技术和创新,例如深度搜索、AI 和量子增强模拟、生成式模型,以及 AI 驱动的自主型实验室。IBM 在与该机构为期 10 年的合作计划中,将为 20 多个 IBM 量子系统提供云网络访问,预计到 2023 年将部署 1000 多个量子位。

行动指南

部署科学和数据主导的创新，产生最大影响

无边界企业能够以前所未有的速度，加速获得探索发现成果。目前，市场乃至整个世界都面临严峻的挑战。但我们拥有的工具也空前强大。

指数级的挑战需要指数级的能力。通过采用这些能力，并整合专用流程——依靠试验，部署开放科学，利用先进的人类与技术资产，有助于催生新的解决方案。只有通过科学和数据主导的创新，无边界企业才能开始展现出潜力。

以下是部署科学和数据主导的创新以实现最大影响的六个步骤：

大规模试验

——鼓励在组织内部、合作伙伴网络和生态系统中开展协作，分享奇思妙想。

——这离不开对假设的检验、开展模拟以及使用作为探索发现活动核心的其他科学方法工具。

——通过开放的科学方法和实践，开发新的和改进的数据源。

利用海量数据

——建立和补充干净、明确、可靠的信息集,深入广泛地采集数据。

——结合预测性分析与规范性分析,帮助做出更明智的决策。

——借助极致数字化获得微观洞察。

构建现代基础架构

——利用开放架构,使数据共享产生倍增效应。

——部署 AI 和机器学习,显著改进模式识别、工作流程优化和解决方案收集。

——使用量子计算工具和方法,体验扩展的能力。

加强生态系统关系

——依靠开放安全的混合云,平稳快速地实施扩展的智能化工作流程。

——加入发现社区,挖掘新的想法和成果。

——为互动、信息验证和信任制定准则与路线图。

支持科学创新

——支持经过充分研究的解决方案,即使会给组织带来意外或挑战。

——投资于没有明确目标但基于价值的持续探索发现

计划。

——落实新想法,以扩大发明创新的规模。

拥抱未来

——重新定义员工队伍的角色,为将来以发现为导向的实践做好准备。

——重新调整系统性的流程,以适应持续快速的变化。

——为应对以指数级涌现的科学和数据主导的新可能性,重新思考组织的区位战略、运营方式以及可实现的成果。

第三章

扩展的智能化
工作流程充满魔力

> **作者介绍**
>
> Paul Papas，IBM Consulting 业务转型服务全球管理合伙人。
>
> Jonathan Wright，IBM Consulting 财务和供应链转型服务全球管理合伙人。
>
> Mie Matsuo，IBM ConsultingIBM 日本业务转型服务管理合伙人。

智能化工作流程是创建价值链支柱的法宝，用于将生态系统参与者连接在一起。随着工作流程范围不断扩大，极致自动化、AI 和 IoT 等技术的威力将成倍增加。虚拟化在网络、连接和技能互动等方面带来了新的机会，为工作流程注入活力，并显著提高敏捷性。

扩展的智能化工作流程如何放大机遇

智能化工作流程作为无边界企业的黏合剂，将宗旨、目的和价值观结合在一起。运行工作流程的参与者，无论是来自企业内部、来自合作伙伴还是来自生态系统之外，都需要与该目的保持一致，并且必须提供综合、统一的体验。

这些工作流程的终极目的是让最终客户体验到集体的价值。新冠肺炎疫情无疑让大家进一步认识到扩展的智能化工作流程在快速、大规模提供变革性体验方面的重要性。

扩展的智能化工作流程的有效性还取决于所有参与者的速度、准确性和安全性。工作流程的开放性和即插即用兼容性为扩大价值的创造和使用范围设定了界线。我们已经看到了研究企业内部的工作流程并运用它们打破历史流程孤岛的力量。

工作流程的范围扩展得越大，工作流程的客户和参与者之间的端到端联系就越紧密，业务成果也就越显著。通过将范围进一步扩展到客户、供应商和其他利益相关方，无边界企业的价值潜力就会呈指数级放大。

什么是扩展的智能化工作流程？

扩展的智能化工作流程通过优化运营效率、速度和敏捷性，推动业务转型。这些工作流程按照开放的数字标准和协议，连接单个组织中的资源以及不同组织和行业中的资源。它们依靠数据和可信的混合云访问来推动试验、实时决策以及持续合作。在此过程中，扩展的智能化工作流程促进协作，并大幅提升价值潜力和价值创造能力。

扩展的智能化工作流程是真正能够吸引大量参与者的平台，它们是无边界企业及其相关平台和生态系统的具体体现。通过在扩展的工作流程中应用多种呈指数级发展的技术，以发现改进的机会，有助于推动业务模式转型，让业绩更上一层楼。因此，工作流程决定了现代扩展企业的竞争优势和差异化特点。

虚拟化成为另一类呈指数级发展的技术，可以带来新的绩效机遇。虚拟化有潜力将实物资产转化为数字实体，将资本支出（Capex）转化为运营支出（Opex），将人员、团队和办公室转化为新的参与模式，从而创造新的价值池。

除了与共同目标保持一致外，智能化工作流程还需要打破孤岛结构，在组织内外提供一致的总体体验。工作流程的有效性，也就是无边界企业的有效性，取决于每个参与组织和个人的速度、准确性和安全性（见图3.1）。

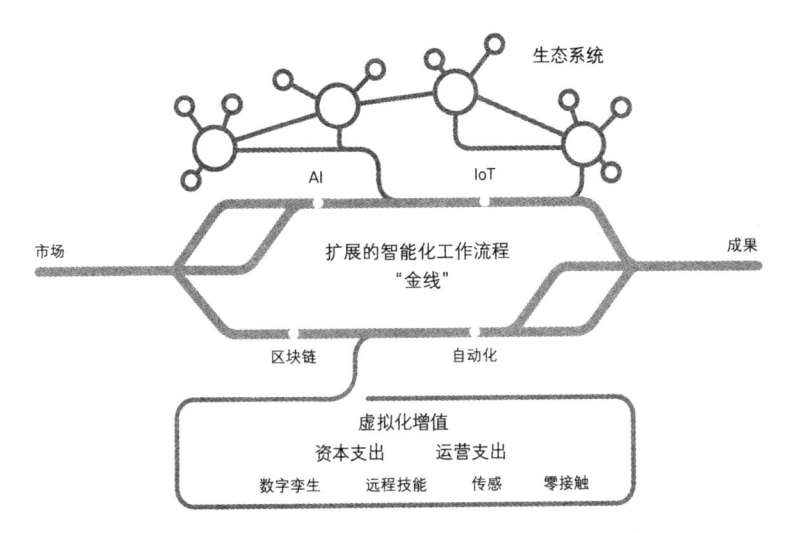

图 3.1　扩展的智能化工作流程整合虚拟组件和生态系统

敏捷性：改变工作方式、生态系统思维方式和虚拟化方式

敏捷性是无边界企业的核心，扩展的智能化工作流程已成为转变整个生态系统中体验、信息和关系的机制，能够推动更出色、更迅速的试验和决策，呈指数级地释放价值。

领先的组织以速度和效率为目标。他们致力于构建经过简化与优化的数字智能化工作流程，利用受保护的数据，无缝实现多对多和端到端的无摩擦连接。这些自动化的工作流程由 AI 驱动，能够平衡运营连续性（运营效率），以应对客户需求的激增。它们包含预测性智能，如动态客户响应、预防性维护和实时库存状态感知等。这种自动化能力有助于实现数字支持的决策，使企业能够快速确定下一步最佳行动、对其进行优先级排序并提出建议。

智能自动化带来的优势是变革性的。在 IBM 商业价值研究院近期开展的一项调研中，受访高管表示，智能自动化为他们的组织提供了多种优势，其中最重要的是改善了客户体验，其次是提高了效率（运营成本降低）和改进了决策。① 其他优势包括提高了可靠性和降低了风险——这些方面的重要性在疫情前常被低估，但目前企业在解决员工工作地点改变、供应链挑战和客户服务中断等问题时，这些优势就显得非常突出。②

此外，对扩展智能化工作流程的重塑可从虚拟知识工作者领域扩大到工程和制造领域。物联网和传感机制将信

---

① Butner, Karen, Tom Ivory, Marco Albertoni, and Katie Sotheran. "Automation and the future of work: Creating intelligent workflows across the enterprise." IBM Institute for Business Value. July 2020. ibm.co/automation-workflows.

② Barlow, Jeanette, and Jonathan Wright. "Building supply chain resiliency with AI-driven workflows: Leading companies share how they innovate." IBM Institute for Business Value. November 2020. ibm.co/supply-chain-resilience.

息从企业边缘或机器传输到工作流程,以帮助提高自动化、洞察和预测水平。

通过实体与数字的结合,自动化能力和智能化工作流程有助于在客户服务、制造、分销、运输和现场服务等领域快速实现低接触或无接触式运营。得益于传感器技术、AI、边缘访问甚至量子处理等领域取得的前所未有的进步,计算机建模能够带来令人欣喜的新发现。

这些优势依赖于安全灵活的连通性和互操作性:机器能够轻松连接到其他机器和各种呈指数级发展的技术。AI和机器学习算法变得更加高效,能够帮助企业更轻松地对设备编程、设计创新用例以及降低能源需求。

工作流程领先者有何与众不同之处

工作流程领先者有何特点?采用扩展的智能化工作流程的组织,凭借新锐洞察、灵活运营和不断学习,获得巨大的价值,在竞争中脱颖而出。对客户数据进行分析可能会促使企业重塑服务主张。通过对运营流程中的活动和绩效进行持续监控,可揭示出需要持续改进的领域,以及需要立即进行自动干预或人工干预的领域。随着 AI 和机器学习应用于广泛的数据新领域,模式识别和工作流优化表现出巨大的潜力。

我们看到，远程工作模式和企业的大规模扁平化促进了生产力的提高，而数字化零接触方法降低了流程的复杂性。这些虚拟化实践与极致自动化和机器人的广泛使用相结合，为改进工作流程和开发更全面的"数字孪生"模式带来了新的机遇。数字孪生是实体对象或系统在其整个生命周期中的虚拟表示，使用实时数据和其他来源进行学习和推理，同时通过动态调整来改进决策。

通过将地点因素排除在新模式之外，可以带来巨大潜力，有助于建立新的人工成本池和虚拟的人才中心，并且重新定义智能化工作流程的运行空间。我们可以构想全新的极致数字化业务模式，例如跨越地理边界的市场、信息汇总商以及技术驱动的联盟。

紧密的连通性推动了这一价值的扩张。在近期开展的一项 IBV 调研中，受访高管将混合云环境视为智能化工作流程的关键所在。混合云架构有助于实现覆盖多个环境的工作负载移植、协调和管理，采用基于标准的一致方法指导开发、安全和运营活动。①

IBV 调研表明，总体而言，成功的工作流程领先者主

---

① Previously unpublished data from the 2021 IBM Institute for Business Value Virtual Enterprise Survey.

第三章　扩展的智能化工作流程充满魔力

要关注于以下四个优先事项：

开放性：只有36%的受访高管表示，他们在开放性和透明度方面优于竞争对手或同类组织；然而，超过50%的受访者表示，透明度和可视性将成为未来3年的关键优势领域。[1]

创新性：42%的受访高管同意，在未来3年内，他们组织的大多数创新都将基于开放的方法，涉及与客户和生态系统参与者的合作。[2]

敏捷性：近一半的受访高管将提高运营敏捷性视为重要的优先业务，并表示在未来3年内，敏捷的运营模式将与灵活的工作团队相得益彰。[3]

自动化：在那些积极扩展自动化的受访组织中，有78%的高管表示，未来3年内，智能机器决策的范围将从常规决策扩大到复杂决策或关键任务决策。[4]

---

[1] Previously unpublished data from the 2021 IBM Institute for Business Value Virtual Enterprise Survey.

[2] Previously unpublished data from the 2021 IBM Institute for Business Value Virtual Enterprise Survey.

[3] Previously unpublished data from the 2021 IBM Institute for Business Value Virtual Enterprise Survey.

[4] Butner, Karen, Tom Ivory, Marco Albertoni, and Katie Sotheran. "Automation and the future of work: Creating intelligent workflows across the enterprise." IBM Institute for Business Value. July 2020. ibm.co/automation-workflows.

无边界企业在扩展的智能化工作流程这根"金线"的帮助下,激活了上述优先事项。激活此类活动的关键洞察主要围绕以下方面:

——新的工作方式

——生态系统思维方式

——虚拟化

新的工作方式推动组织转型

扩展的智能化工作流程是无边界企业的"金线",它整合了企业、平台和生态系统提供的最终用户体验。

促进超级连通性:新的工作方式带来新的机遇,推动组织转型。

数字工具和人类创造力的完美组合将运营绩效推向全新高度。近期开展的一项IBV调研表明,平均而言,通过实施智能化工作流程,可额外带来8%的年收入增长。[1]

---

[1] Previously unpublished data from the 2021 IBM Institute for Business Value Virtual Enterprise Survey.

第三章　扩展的智能化工作流程充满魔力

基于 AI 和自动化的扩展工作流程创造了新的人技偕行模式，改变了完成工作的方式。扩展的工作流程的范围不仅仅限于职能的履行，因为它们还影响到自动决策。高级算法使设备能够自我学习、自我纠正和自我指导；此类互联设备和资产能够理解自己当前的状态、不断学习并相应地采取行动。

通过这种方式，智能化工作流程可以补充、强化和加速那些只能由人员完成的基本增值活动。事实上，在近期的一项 IBV 调研中，超过一半的受访高管表示，智能化工作流程帮助减少了职能孤岛，并实现了一系列运营收益，包括优化了生产力（见图 3.2）。[①]

数据和信息是这些新型智能化工作流程的原材料。数据推动智能化工作流程的发展，发现新的相邻市场以及数据组合。数据标准和开放协议有助于增强与合作伙伴一起试验、一起创新的潜力。由于数据访问速度对于新的实时流程至关重要，因此这也成为建立开放式混合云架构的一个新的推动因素。

来自机器传感器和物联网技术的数据有助于进一步增

[①] Previously unpublished data from the 2021 IBM Institute for Business Value Virtual Enterprise Survey.

IBM 商业价值报告：
无边界企业

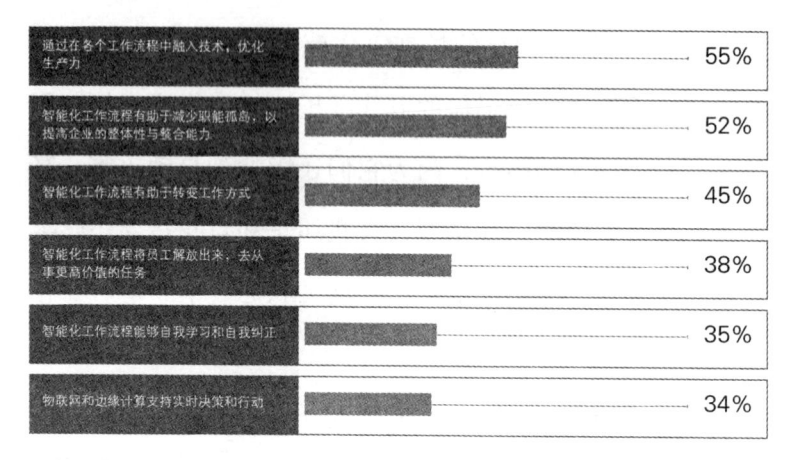

陈述	比例
通过在各个工作流程中融入技术，优化生产力	55%
智能化工作流程有助于减少职能孤岛，以提高企业的整体性与整合能力	52%
智能化工作流程有助于转变工作方式	45%
智能化工作流程将员工解放出来，去从事更高价值的任务	38%
智能化工作流程能够自我学习和自我纠正	35%
物联网和边缘计算支持实时决策和行动	34%

来源：来自 2021 年 IBM 商业价值研究院无边界企业调研的未曾发布的数据。
问题：您在多大程度上认同以下关于贵公司目前的智能化工作流程情况的陈述？（数字表示回答"有点认同"和"非常认同"的比例。）

图 3.2　智能化工作流程转变组织：人技偕行

强工作流程自动化，实现实时洞察和预测。疫情期间，价值重塑的最大领域之一便是全球供应链，必须在灵活性和适应能力与弹性和风险管理之间平衡取舍，因此实时获得供需信号变得非常重要。

贵公司是否已经为迎接新的工作方式做好了准备？

问题 1：贵公司如何应用自动化和 AI 驱动的扩展工作流程，改变工作方式，提高人技偕行的影响和效率？

问题 2：贵公司如何扩展数据所有权和访问权，以增强智能化工作流程？

问题 3：贵公司是否正在探索如何借助嵌入式智能，

预测、自我学习、自我纠正和自我指导贵公司的运营以及客户和员工体验？

Pandora
通过智能化工作流程创新客户体验

Pandora 在成功设计、制造和营销由优质材料手工制作的珠宝方面享誉全球。该公司通过 6700 多个销售点在 100 多个国家/地区销售产品，其中包括约 2700 家概念店。新冠肺炎疫情的暴发迫使 Pandora 关闭了大多数商店。他们转向线上零售，这也推动了数字化转型的加速进行。

该公司很快便开始使用全面的订单管理平台，作为全渠道履单的支柱，并通过云端商务解决方案为其电子商务工作流程提供动力。

通过提高所有销售渠道的自动化水平，该公司简化了工作流程，实现了更高效的交付，同时也提升了自己作为珠宝商在环境可持续性方面的声誉。

此外，智能化工作流程还为店内员工和虚拟客户服务代表提供了卓越的端到端可视性，使他们能够更好地满足消费者的需求。数字化转型使数字技术和商

> 店技术越来越贴近客户。店内虚拟排队和虚拟产品试用基于增强现实技术，模拟店内体验。Pandora 正逐步实现其数字使命：在所有渠道和市场创造针对每个消费者个体的本地化、互联互通的个性化体验。

生态系统思维方式有助于放大创造的价值

如果智能化工作流程的范围进一步扩展到客户、供应商、生态系统合作伙伴和其他利益相关方，那么价值可以呈指数级放大。

无边界企业优先实施先进的端到端连接，在整个生态系统中建立更深层次的关系。生态系统思维推动智能化工作流程，进一步提升价值。

通过大规模应用技术，形成更紧密、更统一的客户关系，扩展的智能化工作流程可将企业合作的各个领域联系在一起，大幅提高经济效益。这种生态系统思维从在组织内部建立智能化工作流程开始，覆盖所有职能孤岛，包含自动化、区块链、AI、5G、云和边缘计算等嵌入式技术，支持实现卓越的成果。(IBV 调研表明，在工作流程中实施这些技术可以带来三倍的收益。)①

但最大的成果来自更广泛的影响。如果工作流程可以深入到生态系统以及生态系统之生态系统中，则可以推动参与者之间的创新与协作，呈指数级地扩大影响力。大规模的数字加速将各个生态系统中的客户、供应商与合作伙伴连接起来，实现大规模重塑。在近期开展的一项调研中，IBV 询问受访高管：未来 3 年内哪些领域对竞争优势最为重要。他们提到的许多因素都可以对应到智能化工作流程，并可通过智能化工作流程扩大影响力（见图 3.3）。②

随着新的敏捷运营模式的出现和扩展，企业可通过问责文化、统一的战略目标以及不断发展的专业知识，为团队网络赋能。通过实现透明度和可视性，这些模式推动持续协作和自我调整，并提供接近即时的洞察，支持组织实

---

① Foster, Mark. "Building the Cognitive Enterprise: Nine Action Areas — Core Concepts." IBM Institute for Business Value. May 2020. ibm.co/build-cognitive-enterprise.

② Previously unpublished data from the 2021 IBM Institute for Business Value Virtual Enterprise Survey.

IBM 商业价值报告：
无边界企业

1	2	3	4	5
客户体验与互动	工作流程技能	透明度和可视性	创新	数字化转型

来源：来自 2021 年 IBM 商业价值研究院无边界企业调研的未曾发布的数据。
问题：为贵公司带来竞争优势的最重要领域有哪些？

图 3.3　未来 3 年，提供竞争优势的最重要领域有哪些？

现目标。

生态系统思维旨在带来一致的体验，并通过安全的数据交换实现开放性，加快价值的创造速度。极致数字化带来的数据源和微观洞察的爆炸式增长，为解决复杂问题和寻找解决方案提供了机会。一场推动计算朝着高度异构环境发展的革命近在眼前，通过这场革命，包括量子计算在内的呈指数级发展的技术将集成到在混合云上管理的智能化工作流程中。

您是否已准备好通过生态系统思维来扩展价值？

问题 1：通过将贵公司的工作流程以指数级扩展到各种不同的生态系统和生态系统之生态系统，可以释放哪些价值和增长潜力？

问题2：如何扩大自动化、AI、区块链、混合云和其他技术的集成和应用，为客户、供应商以及合作伙伴带来更大价值？

问题3：在将生态系统思维引入员工队伍的运营模式以提高内部和外部的透明度、协作程度和洞察水平方面，贵公司有哪些计划和战略？

> **we.trade：使用智能化工作流程简化交易**
>
> we.trade 由欧洲各大银行组成的财团创立，利用区块链技术将买家、卖家、银行、保险公司和物流组织连接起来，提供更高的数据智能和可追溯性。这个全新的生态系统简化了跨境贸易，增强了信任和透明度，并通过减少参与障碍，为参与者开拓了新的市场。
>
> we.trade 平台简化了贸易融资贷款流程，减少了摩擦，并支持企业向新市场扩张。
>
> 除了为交易商提供可靠的保险服务、信用评级和物流服务外，还有助于降低交易对手风险，实现自动化交易，以及整合端到端的贸易生态系统。

> 在过去两年中，we.trade 已发展到覆盖 15 个国家/地区的 17 家银行，现在为 400 多家快递公司提供跟踪可视性。此外，得益于该平台的高效率和互通性，使得交易处理成本降低了 80%。

虚拟化已成为呈指数级发展的技术

虚拟化带来更多机遇，有助于提高智能化工作流程及其支持的平台的效率和有效性。

智能化工作流程是连接无边界企业的"金线"，而虚拟化则是连接智能化工作流程的"金线"。虚拟化有助于提高效率和有效性。

虚拟化适用于员工队伍实践、客户合作以及实体资产（见图 3.4）。近期开展的一项 IBV 调研表明，通过实施虚拟化，组织成本平均降低了 7%，预计在未来 3 年内将进一步降低 9%。[①]

[①] Previously unpublished data from the 2021 IBM Institute for Business Value Virtual Enterprise Survey.

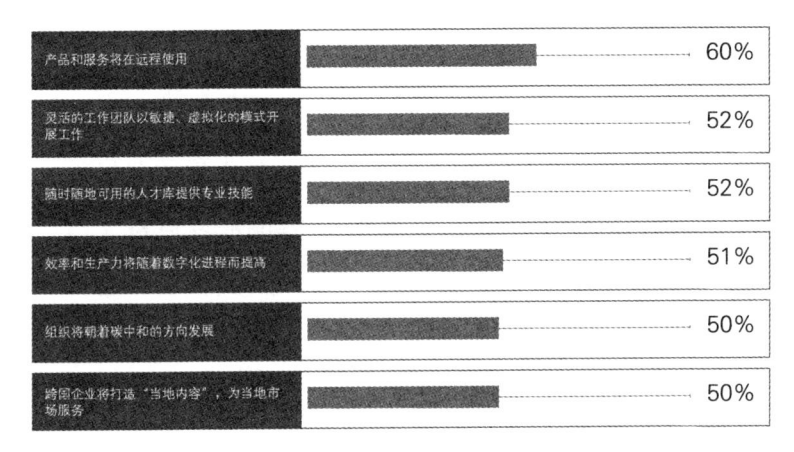

项目	比例
产品和服务将在远程使用	60%
灵活的工作团队以敏捷、虚拟化的模式开展工作	52%
随时随地可用的人才库提供专业技能	52%
效率和生产力将随着数字化进程而提高	51%
组织将朝着碳中和的方向发展	50%
跨国企业将打造"当地内容",为当地市场服务	50%

来源:来自 2021 年 IBM 商业价值研究院无边界企业调研的未曾发布的数据。
问题:请思考一下贵公司的数字化转型在未来 3 年的状况。您在多大程度上同意以下表述?(数字表示回答"有点认同"和"非常认同"的比例。)

图 3.4 未来 3 年的数字化转型和虚拟化

虚拟化与远程以及混合工作模式结合后,消除了工作地点方面的障碍,帮助企业提高了生产力。随着地点因素的重要性降低,企业有机会从任何地方获得所需的技能和能力。他们可以从更大的范围获得人才,不仅限于自己的组织、合作伙伴的组织,还包括整个生态系统更广泛的人力资源库,从而释放巨大潜力。

虚拟化还能通过计算机模拟、数字孪生以及增强现实(AR)/虚拟现实(VR)解读中的高级建模能力,将实体资产转化为数字资产。这些技术进步可以提供新的实时洞察,帮助降低风险。此外,虚拟化还可以改变企业在物业、运营资产和重型设备资产等方面的传统支出结构。通过将资本支出转变为外包和其他新的资产共享模式（当然，只有具备智能化工作流程的生态系统平台才有机会设计、连接和提供这种模式），虚拟化就能够以运营支出的形式"按需"管理实体资产，从而消除传统的日常维护和资本支出方法。

虚拟化如何使贵公司的工作流程受益？

问题 1：智能化工作流程的虚拟化将如何连接贵公司的远程与混合工作模式，将地点从考虑因素中剔除并提高生产力？

问题 2：贵公司如何利用虚拟化，重新配置实体资产和基础架构，包括可能的资源外包和资源共享模式？

问题 3：虚拟化如何帮助实现更安全、更可靠、更可预测和接近即时的洞察、决策和行动？

ASTRI：通过智能化工作流程实现智慧制造

香港应用科技研究院有限公司（应科院，ASTRI）的宗旨是通过应用研究，提升香港在科技产业领域的竞争力。作为其使命的一部分，应科院致力于帮助制造商加快产品面市速度、降低开发成本并提高产品质量。

> 应科院实施了基于科学的敏捷方法,设计智慧的制造设备,在整个扩展的生产过程中对所有资产应用智能化工作流程。应科院通过使用需求驱动的分析和基于模型的设计,创建了设备的数字"孪生"。这使得工程师能够以名义增量成本执行广泛的模拟和测试,并在生命周期中尽早发现潜在的设计缺陷。这种基于模型的方法还能够及早验证客户需求。
>
> 应科院估计,孪生方法可将集成时间缩短40%,将开发总成本降低30%。此外,通过使用机器人自动化、物联网传感器集成和数字孪生建模进行预测性维护,实现了24×7全天候不中断的工厂运行。

行动指南

通过扩展智能化工作流程,产生最大影响

作为无边界企业的"金线",扩展的工作流程是贯穿整个生态系统的体验和价值传递机制。工作流程是可信信息和关系的支柱,也是用于推动关键即时决策的自动化规则和算法的存储库。

扩展的智能化工作流程基于数据驱动的决策,可适应快速变化的状况。智能化工作流程是连接生态系统之生态系统的重要工具；通过重塑工作方式，创造价值；将 AI 和自动化添加到日常任务中；并实现更出色的实时洞察、决策和行动。

以下是优化扩展的智能化工作流程影响的五步措施：

定制客户体验

——通过打造完全个性化的客户体验，以此作为所有运营接触点不可分割的一部分，从而推动建立差异化竞争优势。

——重塑跨领域的客户互动方法。

——在整个组织和平台中获取新洞察，快速大规模地打造变革性的体验。

建立自我纠正型运营

——努力通过自我学习、自我纠正和自我指导能力，改进运营。

——将设备和资产与智能连接，以便了解当前状况，不断学习并采取相应的措施。

——预测利用自动化的新兴技术。

敏捷执行

——建立与战略目标保持一致的问责制运营文化，并

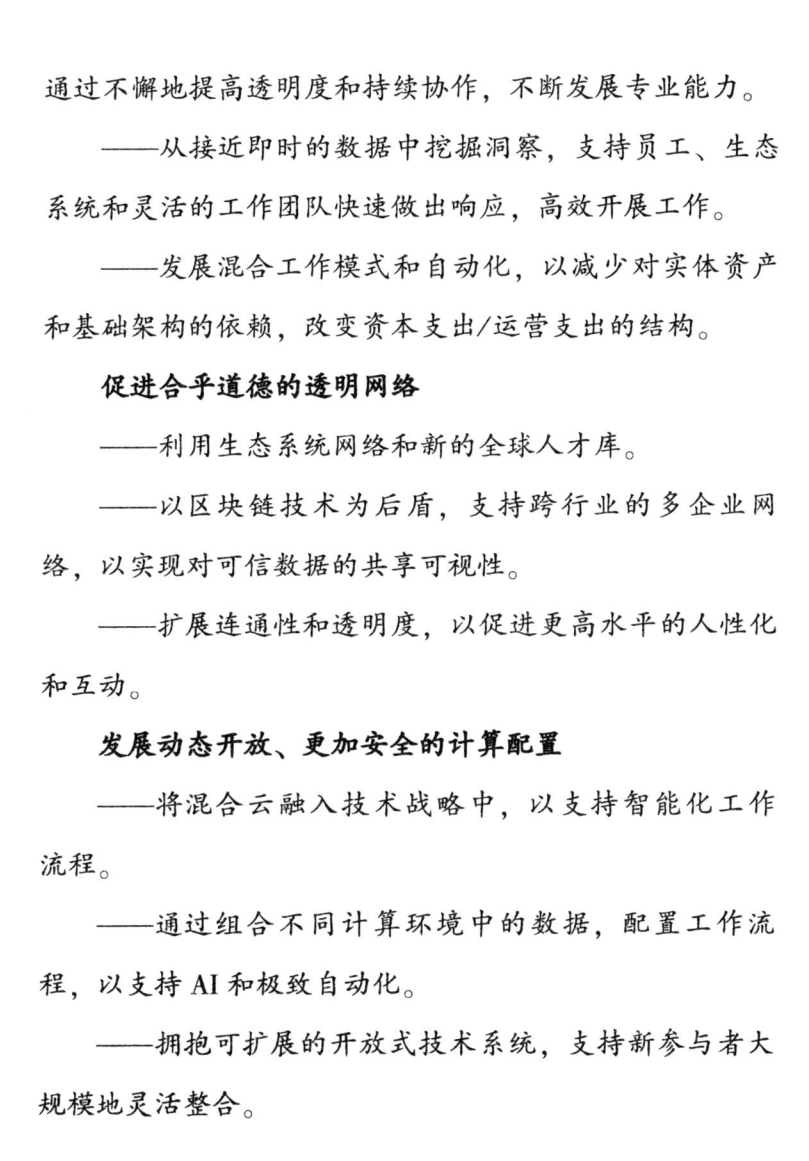

通过不懈地提高透明度和持续协作，不断发展专业能力。

——从接近即时的数据中挖掘洞察，支持员工、生态系统和灵活的工作团队快速做出响应，高效开展工作。

——发展混合工作模式和自动化，以减少对实体资产和基础架构的依赖，改变资本支出/运营支出的结构。

促进合乎道德的透明网络

——利用生态系统网络和新的全球人才库。

——以区块链技术为后盾，支持跨行业的多企业网络，以实现对可信数据的共享可视性。

——扩展连通性和透明度，以促进更高水平的人性化和互动。

发展动态开放、更加安全的计算配置

——将混合云融入技术战略中，以支持智能化工作流程。

——通过组合不同计算环境中的数据，配置工作流程，以支持 AI 和极致自动化。

——拥抱可扩展的开放式技术系统，支持新参与者大规模地灵活整合。

第四章

可持续发展与社会影响成为当务之急

> **作者介绍**
>
> Sanjay Tugnait，IBM Consulting 全球管理合伙人，可持续发展实践首席市场开拓主管。
>
> Sheri Hinish，IBM Consulting 全球执行合伙人，企业可持续发展与可持续供应链。
>
> Manish Chawla，IBM Consulting 全球工业领域以及化学、石油与工业品行业总经理。

无边界企业使组织宗旨与更广泛的社会影响保持一致。随着最高管理层日益重视可持续发展以及利益相关方资本收益，新的生态系统业务模式可帮助提供解决方案，以应对气候、健康、安全和平等之类当今时代的最大挑战。可持续性也越来越深刻地影响客户、合作伙伴和员工对组织的看法。

可持续发展与社会影响如何推动积极的企业转型

甚至在新冠肺炎疫情之前，可持续发展与环境、社会及治理（ESG）目标就成为企业新的关注焦点。而通过疫情危机，他们看到了全球互联互通的重要性、自然界的强大影响以及人与自然之间的关系。于是我们看到了一些转变：虚拟工作模式更为普及，差旅出行减少，城市活动和全球实物贸易减少，这些都对减少碳排放产生了有意义的影响。

向无边界企业的转变加强了这一趋势，推动向可持续地球的系统性转型。由于企业希望提高利益相关方的资本收益，客户和员工则希望根据相关企业的价值观做出购买和就业选择，因此企业必须将自身意图与更广泛的意图联系起来（见图4.1）。

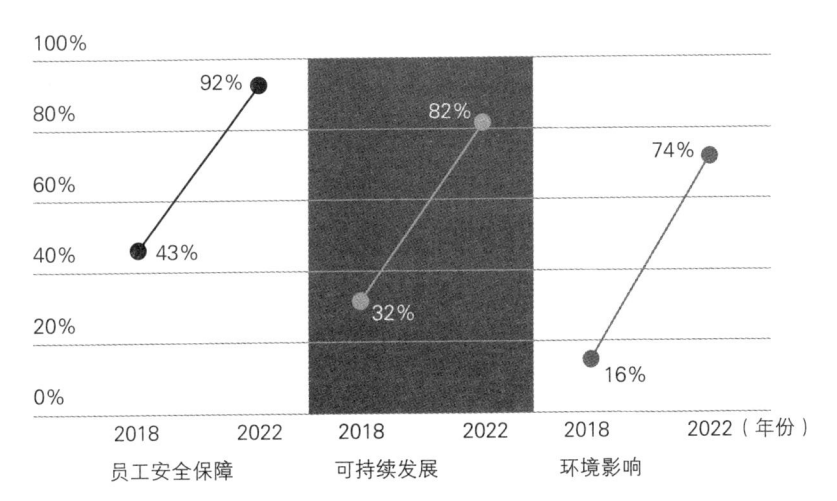

	2018	2022
员工安全保障	43%	92%
可持续发展	32%	82%
环境影响	16%	74%

来源："新冠肺炎疫情与企业的未来：高管的领悟揭示疫情后的机遇"，IBM商业价值研究院，2020年9月，ibm.co/covid-19-future-business。
问题：贵企业在多大程度上优先培养以下业务能力？数字表示回答"高"和"非常高"的比例。

图4.1 企业领导前所未有地关注人与地球

借助自动的智能化工作流程、重构的资产组合以及智慧的数据使用,无边界企业的扩展生态系统有能力不辜负这种新的期望。以此为特征的合作关系由具有共同价值观的参与者组成。

这一切都在越来越关注利益相关方资本收益的背景下发生,企业的宗旨已扩展到社会影响层面。目前,日益壮大的合作关系和生态系统关注着世界面临的所有重大问题,包括健康、气候、粮食安全和不平等问题。

什么是可持续发展?

对于不同群体而言,可持续发展的内涵不同,它是个复杂、有些模糊的概念。一些人认为它只表示环境目标。另一些人则认为它适用于社会、经济甚至政治相关的广泛议程。无论具体的重点是什么,可持续发展都需要努力进行持续转型。在抵御眼前风险、满足社区需求、创造新商机和业务模式方面,变革性的可持续发展能力既是未来组织的必备特征,也是不可或缺的工具。

企业争相带头打造新的变革性平台和模式,无边界企业是推动这些转变的不二法宝。其开放方法有助于将可持续发展融入企业的"基因"之中。企业将可持续发展融入价值主张、业务合作关系和客户合作战略中,通过影响人类相处的方式以及对待地球的方式，推动积极的生态足迹。企业可依靠呈指数级发展的新技术，打造与可持续发展工作紧密联系的创新产品与服务。

工作方式发生了永久性改变，明确了解员工和利益相关方的健康和福祉将一直是企业的高优先级任务。无边界企业开发新的活动网络和团队模式，技术将在其中发挥巨大作用，丰富员工、雇主和组织 IT 之间的关系。

员工的家也将成为工作地点，这使得工作、员工、家庭以及整个社区之间形成新的关系。无边界企业认识到，随着技术日益融入人们的生活之中，道德和治理问题也随之出现，因此必须倡导"负责任计算"的精神。这种模式旨在引导技术实现积极成果，确定用于保护数据隐私与完整性的道德准则与实践。

可持续发展与社会影响：连接各利益相关方，改进成果，攻克以前无法解决的问题

在可持续发展与社会影响方面领先的组织，将这两者视为最重要的目标。他们将相关目标整合到核心使命中，

从根本上改变了企业衡量成功的标准。可持续发展与社会影响作为原则，指导企业以全新方式审视优先任务和活动。

无边界企业认识到，追求"社会公益"议程可与实现业务成果齐头并进。通过调整企业与社会之间的关系，可以建立全新流程，以前所未有的速度、范围和规模推动发现活动。

投资者、消费者、员工以及合作伙伴在做出有关购买、就业、投资以及合作的决策时，越来越多地考虑可持续发展与社会影响。它们共同推动形成新的企业议程。根据 IBV 的调研，目前有 90% 的企业正在开展可持续发展计划，疫情之前的这个比例约为 50%。[①] 事实上，将近 60% 的高管表示，疫情造成的动荡将影响更广泛的社会契约，并从根本上改变企业与社会之间的关系。[②]

一些企业践行社会责任背后的动机是考虑未来：政府颁布的可持续发展法规数量不断增加；与可持续发展相关

[①] Cheung, Jane, Sachin Gupta, Chris Wong, and Sashank Yaragudipati. "The last call for sustainability: An urgent growth agenda for consumer products and retail." IBM Institute for Business Value. August 2021. http://ibm.co/sustainability-consumer-products-retail.

[②] Previously unpublished data from the 2020 IBM Institute for Business Value AI Value Survey.

的消费者要求越来越高；投资者也越来越重视 ESG 标准和其他可持续发展指标。企业领导层不能忽视这些不断增加的压力和要求。

疫情还凸显了社会的互联互通性——某个地区采取的措施可能会对全球产生影响。在这种环境下，支持集体利益也就是保障组织的自身利益。对于无边界企业而言，服务于社会议程也可以为自身企业增长和市场份额扩大做出贡献。

无论是资源密集型流程的数字化、使用高性能数字系统提升效率，还是通过科学和数据主导的创新解决问题，可持续发展实践都能够打开通往新市场和新增长的大门。符合道德规范的创新有助于推进 ESG 议程，将原有运营模式转变为更高形态的资本收益——利润与使命并重。按照这条道路发展的组织可获得可观的收益，并确定未来的增长途径，成为其他组织效法的榜样。

可持续发展和社会使命是企业的当务之急。环境和更广泛的社会挑战影响着各个行业和职能的组织战略与运营模式。对可持续发展和社会责任的日益关注带来新的市场商机，帮助提高运营效率，影响风险管理战略，改变客户和员工的期望，以及促进新供应链战略的实施。

领先者有何与众不同之处

可持续发展所要求的变革周期需要增强虚拟程度：开创性的平台战略与生态系统；科学和数据主导的创新；扩展的智能化工作流程；包容性人技偕行；以及由混合云参与推动的开放、安全的共享与协作。

关注可持续发展有助于强化企业社会使命，促进客户互动、提高员工敬业度。此外，数字技术可帮助企业改善可持续发展绩效，实现更卓越的业务成果。

我们发现，成功的可持续发展领先者依赖于 4 项优先任务：

承诺：受访高管表示，在培养后疫情时期员工队伍的过程中，他们在领导方面所面临的最大障碍是培养一种根植于同理心、适应能力和创新的企业文化。[①] 企业领导将可持续发展和组织宗旨视为当务之急，并将其融入组织的业务战略和价值主张之中。

部署：1/3 的受访高管表示，增加可持续的运营是他们最重要的业务优先任务之一。[②] 通过利用数字技术和数

[①] Previously unpublished data from the 2021 IBM Institute for Business Value Virtual Enterprise Survey.

[②] Previously unpublished data from the 2021 IBM Institute for Business Value Virtual Enterprise Survey.

第四章　可持续发展与社会影响成为当务之急

据洞察，有助于使改进运营与获得更出色的可持续发展成果统一起来。

协作：基于平台的生态系统有助于促进开放式创新，重点关注更加可持续的未来。65%的受访高管认识到，必须支持这种协同发展，他们表示，组织将在未来3年内利用数字指挥中心支持生态系统协作。[1]

转型：60%的受访高管表示，客户和大众将在未来3年内远程访问和使用他们的产品和服务。[2] 为了满足社会和业务需求，转型本身必须是可持续性实践的新常态，而不仅仅是一个步骤、行动或计划。

无边界企业切实践行这些优先任务。我们确定了3项关键洞察，作为企业应对和推进可持续发展和社会影响迫切要求的基础。这三项洞察分别侧重于：

——利益相关方动机

——业务与社会成果

——开放式创新

---

[1] Previously unpublished data from the 2021 IBM Institute for Business Value Virtual Enterprise Survey.

[2] Previously unpublished data from the 2021 IBM Institute for Business Value Virtual Enterprise Survey.

IBM商业价值报告：
无边界企业

可持续发展吸引并激励利益相关方

在成功的客户、员工、生态系统合作伙伴乃至整个社会的关系中，可持续发展和企业社会使命日益凸显出其重要性。

无边界企业认识到，由于利益相关方（如客户、员工、企业和国家或地区/政府机构）受到可持续发展的激励和启发，因此可持续发展会影响整个企业的体验——包括消费者决策、员工问题以及与投资者及合作伙伴的关系。

客户的环保意识日益增强，越来越关注消费者选择所带来的社会影响。根据2021年IBV的消费者调研，93%的全球消费者认为新冠肺炎疫情影响了他们对环境可持续性的看法，超过2/3的消费者表示环境问题对个人极其重要。超过半数的消费者愿意为环境负责型品牌支付更多费用。[1]许多消费者逐步接受可持续生活的理念，这包括做出的选

---

[1] "Sustainability at a turning point: Consumers are pushing companies to pivot." IBM Institute for Business Value. May 2021. http://ibm.co/sustainability-consumer-research.

第四章 可持续发展与社会影响成为当务之急

择必须有助于减少个人和社会对环境的总体影响。①

消费者也关注于社会责任问题,认为环境和社会责任密不可分。大约 3/4 的受访者表示,获得受教育机会和确保健康与福祉对于他们而言极其重要,72% 表示消除贫困和饥饿极其重要。②

当主题变为未来就业时,人们持同样的观点:69% 的受访者表示,他们更有可能接受对环境负责的组织提供的工作机会,大约半数可以接受以较低的薪酬在这些企业中工作。可持续发展也会影响员工去留,70% 的员工更有可能留在环境可持续性声誉良好的企业中。此外,近 3/4 的受访员工希望雇主对社会责任问题采取行动。③

越来越多的投资机构和金融管理机构也在决策时考虑可持续发展标准:全球最大的资产管理机构黑石集团在

---

① "What is sustainable living?" Sustainable Jungle website, accessed October 26, 2021. https://www.sustainablejungle.com/sustainable-living/what-is-sustainable-living/.

② "Sustainability at a turning point: Consumers are pushing companies to pivot." IBM Institute for Business Value. May 2021. http://ibm.co/sustainability-consumer-research.

③ "Sustainability at a turning point: Consumers are pushing companies to pivot." IBM Institute for Business Value. May 2021. http://ibm.co/sustainability-consumer-research.

2020 年初宣布:"可持续发展将成为我们新的投资标准。"①生态系统也逐渐受到这些目标的推动。一些组织目前在采购和业务合作伙伴决策中考虑可持续发展标准,在某些情况下,会要求主要供应商设定碳减排目标。

许多企业正向着无边界企业模式发展,并将可持续发展目标融入整个价值链的职能领域之中(见图 4.2)。通过采用负责任的采购模式,或考虑供应链决策的社会和环境影响,组织可以在创造更加可持续的产品与服务方面取得长足进步。

贵公司是否与利益相关方拥有共同的可持续发展承诺?

问题 1:贵公司如何将可持续发展变为内部和外部价值主张的核心要素?

问题 2:贵公司如何让客户、员工和生态系统合作伙伴参与制定和执行可持续发展和社会影响目标?

问题 3:贵公司能否采取更多措施,有效跟踪可持续发展数据和成果,并在组织和生态系统中进行大范围分享?

---

① Stevens, Pippa. "Here's how the world's largest money manager is overhauling its strategy because of climate change." CNBC website. January 14, 2020. https://www.cnbc.com/2020/01/14/blackrock-is-overhauling-its-strategy-tofocus-on-climate-change.html.

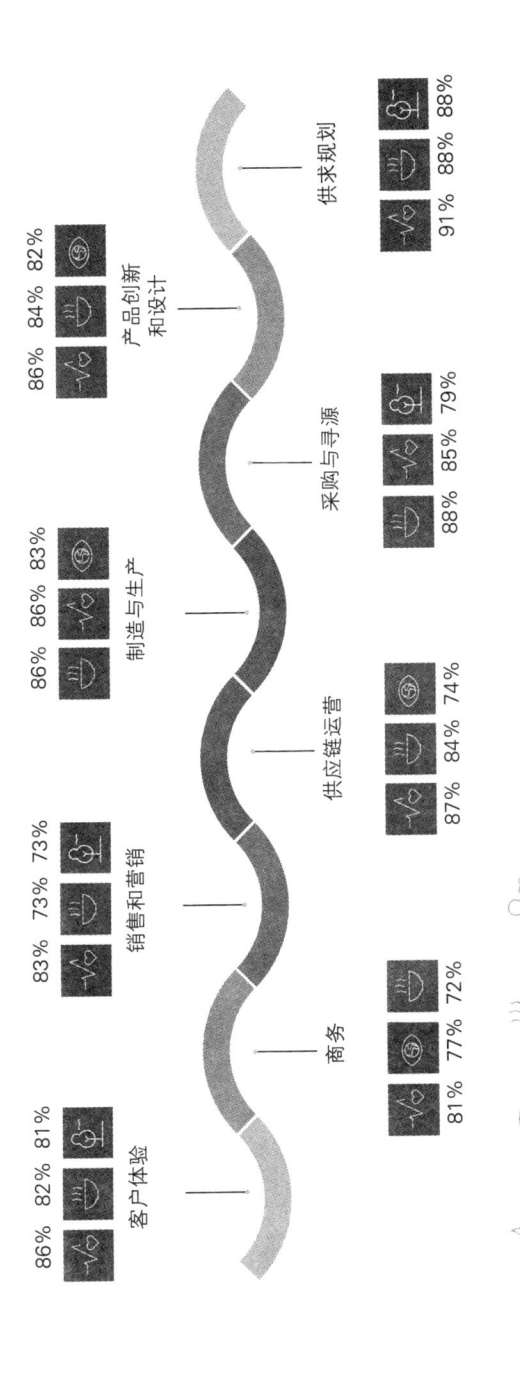

第四章 可持续发展与社会影响成为当务之急

产品创新和设计 86% 84% 82%
供求规划 91% 88% 88%
采购与寻源 88% 85% 79%
制造生产 86% 86% 83%
供应链运营 87% 84% 74%
销售和营销 83% 73% 73%
商务 81% 77% 72%
客户体验 86% 82% 81%

健康与福祉　气候行动　价值研究院 消除饥饿　陆地生态

图4.2　消费品企业越来越重视价值链中的可持续性

来源：Jane Cheung、Sachin Gupta、Chris Wong与Sashank Yaragudipati合著，《对可持续性的最后呼吁：消费品和零售业紧迫的发展议程》，IBM商业价值研究院，2021年8月。

问题：贵企业在多大程度上将上述最主要的3个可持续发展目标纳入以下领域的发展计划中？数字表示回答"一定程度"和"很大程度"的比例。

093

Yara：养活不断增长的人口

总部位于挪威的 Yara 致力于创建没有饥饿的可持续世界。为此，他们建立了数字化农业平台 Atfarm/FarmX，以支持全球农业的可持续发展，覆盖范围超过 1000 万公顷的耕地。Yara 是全球最大的矿物肥料生产商之一，也是数字化农业解决方案的全球领军企业，它创建的平台能够连接全球各地的单独农户，并为他们赋能。

Yara 提供整体数字服务和即时农事建议，最终目标是避免毁林开荒以及增加现有农田的粮食产量。例如，该平台在精确到分钟的超本地天气数据的支持下，提供及时准确的农作物产量预测以及氮肥与灌溉管理建议。

独立于云的平台采用按使用量付费的商业模式，提供最先进的数据服务。它运用物联网传感器和 AI 技术，为农民提供超本地天气预报、农作物灾害预测及实时施肥建议。

已有超过 300 万农民使用该平台，在它的帮助下，Yara 能够扩展业务模式并形成差异化竞争优势，同时

> 还支持可持续运营。该平台还为利用其他先进技术为农民赋能奠定了基础,例如能够提高交易透明度和信任的区块链。

部署有利于社会公益的技术对企业发展也有利

虚拟化提高了企业开创新经济机遇的能力,同时也有助于增强可持续性。

无边界企业致力于创造更美好的社会,这也有助于改善业务成果。

实施环境和社会议程与改善业务成果并非相互排斥的目标。相反,70%的受访高管表示,实现可持续发展目标有助于提高运营效率与敏捷性。①

---

① Cheung, Jane, Sachin Gupta, Chris Wong, and Sashank Yaragudipati. "The last call for sustainability: An urgent growth agenda for consumer products and retail." IBM Institute for Business Value. August 2021. http://ibm.co/sustainabilityconsumer-products-retail.

重塑现代经济的技术力量不仅仅涉及一些商用工具，还包括用于应对一系列最复杂的环境和社会挑战的工具。同时，追求 ESG 目标促使组织采用有助于增强业务效率和机遇的技术、数据与洞察（见图 4.3）。

通过应用混合云以及呈指数级发展的技术，打造全新的业务平台，通过实施智能化工作流程，大幅改善运营成果和客户体验，无边界企业使业务发展与积极的环境成果和社会影响齐头并进。

在近期开展的一项调研中，42% 的受访首席信息官表示，数字技术将在未来 3 年内对可持续发展这一业务领域产生最大的影响。[①] 例如，实现虚拟化运营后，企业员工在远程工作，以数字方式访问所需内容，减少了办公空间和通勤需求，从而为脱碳做出贡献。这同样有助于发展循环经济。

对扩展供应链溯源以及可预测能力使用分析技术，能够减少浪费，使消耗与采购保持一致。随着气候变化因素更深入地融入所有实体的成功措施和指标中，旨在减少碳排放的新引擎和可再生能源的使用力度将不断增加。事实上，50% 的受访高管表示，他们的组织将在未来 3 年内实

---

① 2021 IBM Chief Information Officer Study data.

第四章 可持续发展与社会影响成为当务之急

虚拟社区：客户、员工、生态系统合作伙伴

环境：开放式创新帮助企业应对一些全球最艰巨的挑战
社会：扩展的虚拟社区支持敏捷性、多样化和包容性
治理：许多环境和社会挑战覆盖多个行业领域，需要新的治理形式

全新的业务平台和生态系统

环境：透明可视的平台可增强生态系统协作
社会：对工作条件和采购行为的新洞察支持合作解决问题
治理：平台提供了提高道德标准的机会

人技偕行

环境：要实现循环使用、技术的平台
社会：新的团队模式和技术形成从家到社区的使命驱动型关系
治理：技术融入日常生活，道德和治理问题也随之出现

虚拟化和全新的工作方式

环境：远程工作有助于减少办公空间与通勤需求，为脱碳做出贡献
社会：AI驱动的工作流程利用持续学习和新的技能发展
治理：敏捷和虚拟运营模式可帮助相关方发现新的合作机遇

混合云和呈指数级发展的技术

环境：通过分析实现运营可预测性，从而减少浪费，强调循环经济议程
社会：数字孪生模拟实体世界，以模仿基础架构中的可持续实践并影响决策
治理：利益相关方的创业精神提供有关人员、环境、宗旨和利润的整体视角

智能化工作流程和透明度

环境：智能化工作流程监控并提供有关能源、水和废物管理等方面的洞察
社会：客户和员工根据对组织价值观的信任，做出采购和就业选择
治理：提高可视性和透明度有助于改变企业的运营方式

图4.3 集成技术有助于实现ESG目标

来源：IBM商业价值研究院分析。

097

现碳中和。[1]

我们已经看到，数字孪生被应用于模拟大型基础设施中的可持续实践。在香港机场和鹿特丹港，运营技术创新、可再生能源和人技互动的结合正推动实现更出色的成果。[2]

在供应链领域，要实现净零排放目标，就需要提高生态系统工作流程的可视性，加强与合作伙伴的合作，开发出更加可持续的解决方案。无边界企业将数据和洞察整合到开放式生态系统中，实现积极的环境和社会成果，为组织带来更高的价值。他们还将数据融入业务流程和决策过程之中，推动改善环境和社会成果。

从商业的角度来看，组织通过这些努力，将环境和社会挑战转化为商机，使社会和企业都能够受益，从而凸显自己的差异化优势。事实上，商业及可持续发展委员会指

---

[1] Previously unpublished data from the 2021 IBM Institute for Business Value Virtual Enterprise Survey.

[2] Sharon, Alita. "HKIA develops digital twin." OpenGov Asia. October 3, 2019. https://opengovasia.com/hkia-developsdigital-twin/; Boyles, Ryan. "How the Port of Rotterdam is using IBM digital twin technology to transform itself from the biggest to the smartest." IoT blog, August 29, 2019. IBM website, accessed April 2021. https://www.ibm.com/blogs/internet-ofthings/iot-digital-twin-rotterdam/.

出，与环境可持续发展相关的市场商机高达 12 万亿美元。①

贵公司可从可持续发展工作中发现哪些商机？

问题 1：贵公司如何应用技术和数据，以研究并加强组织和生态系统的可持续发展与社会影响工作？

问题 2：贵公司是否打算部署呈指数级发展的技术，以打破职能孤岛，并通过基于 AI 的流程，确定效率改进机会，以协调环境目标与业务目标？

问题 3：贵公司能否推进和完善可持续发展成果以及在流程改进和自动化工作中所使用的相关指标？

Farmer Connect：提高供应链的透明度与可持续性

如今，咖啡的消费者每年要喝掉超过 5000 亿杯咖啡，在接受调研的 19—24 岁的消费者中，多达 2/3 的人表示，自己更喜欢购买那些以可持续方式种植并且

---

① "Sustainable business can unlock at least US ＄12 trillion in new market value and repair economic system." Business and Sustainable Development Commission press release. January 16, 2017. http://businesscommission.org/news/release-sustainable-business-can-unlock-at-least-us-12-trillion-in-new-market-value-and-repair-economic-system.

来源可靠的咖啡。[①] 然而，尽管国际认证机构在这方面取得了一些进展，但人们还是不了解咖啡种植户为过上丰衣足食的生活需要些什么。咖啡行业的全球供应链非常庞大复杂，导致难以跟踪产品，参与者只能追踪自己所涉及的那一小部分，使用自己的系统记录数据。

希望更快地从身边的咖啡店追溯到咖啡豆种植户的消费者现在有了新的解决方案。farmer connect© 开发了一个面向消费者的应用"Thank My Farmer"，将消费者与种植户以及供应链中的每个参与者联系起来，形成更加透明和可持续的食品供应链。互动式地图上提供的信息让人们以可扩展的简单方式了解每件产品在供应链中的流转过程。"Thank My Farmer" 应用还为咖啡社区提供可持续发展项目，使消费者有机会参与进来。

该解决方案基于区块链技术，汇集咖啡和咖啡豆供应链中的所有参与者。种植户、合作社、贸易商和零售商可以更有效地互动，消费者也能获得有关所购产品的来源的全新洞察。

[①] Goldschein, Eric. "11 incredible facts about the global coffee industry." Business Insider. November 14, 2011. https://www.businessinsider.com/facts-about-the-coffeeindustry-2011-11; "Millennial coffee drinkers want farmers appropriately rewarded." Financial Times. September 24, 2017.

开放式协作与合作关系有助于应对棘手的社会挑战

生态系统及其基于技术的平台在解决复杂挑战以及让客户和员工了解企业宗旨方面,发挥着核心作用。

开发可持续发展解决方案需要不同利益相关方进行开放式创新与协作,无边界企业是实现这一点的理想载体。

推进可持续发展的新想法的来源有时出人意料。开放式创新融合了来自生态系统中范围广泛的合作伙伴、利益相关方以及其他来源的奇思妙想。

开放式创新超越传统协作,打破孤岛,充分利用整个生态系统的创新潜力和集体智慧。58%的受访组织强调,在执行环境可持续性战略的过程中,必须与生态系统合作伙伴开展有效合作。[1]

共同创造并分享的数据是这种开放式创新的一个重要方面。共享的数据可以凸显各方共同感兴趣的领域,有助

---

[1] 2021 IBM Institute for Business Value Sustainability Survey.

于打破阻碍。AI 和区块链等数字技术帮助进一步加速探索发现过程，推动实现更可持续的未来。例如，数字指挥中心有助于促进组织内部、与客户之间以及整个生态系统中的开放式创新（见图 4.4）。基于这些工具的业务平台以从前根本无法想象的方式，支持共同创造以及新的工作方式，帮助制定与气候目标和其他社会使命一致的业务战略。

数字指挥中心提供……

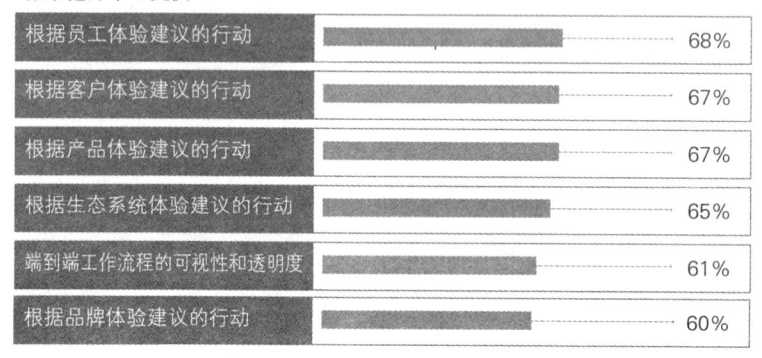

根据员工体验建议的行动	68%
根据客户体验建议的行动	67%
根据产品体验建议的行动	67%
根据生态系统体验建议的行动	65%
端到端工作流程的可视性和透明度	61%
根据品牌体验建议的行动	60%

来源：来自 2021 年 IBM 商业价值研究院无边界企业调研的未曾发布的数据。
问题：您在多大程度上认同这些关于贵公司在未来 3 年内使用数字指挥中心的说法？数字表示回答"认同"和"非常认同"的比例。

图 4.4　AI 驱动的数字指挥中心促进企业内外的协作

但是，要充分挖掘基于平台的开放式创新的潜力，就必须转变传统方法和运营模式，从线性流程转变为更复杂的动态流程。由于开放性有助于发现差异化能力，因此生态系统协作应包容工作流程中的每个要素。

更高的透明度和更深刻的洞察让消费者、企业、投资者和政府改变购买、生产、销售、运输、消费和管理的方式,而这样反过来又有可能改变经济运行的方式。许多环境和社会挑战覆盖多个行业领域,需要进行跨领域合作。以塑料废物和强化的循环经济前景为例。某化工企业生产乙烯,用于制造塑料;然后某制造商使用塑料制造塑料瓶;一家消费品公司在这些瓶中灌装饮料,将其销售给消费者。

如果一切正常,消费者喝完饮料,将空瓶丢入垃圾桶,运输车收集空瓶,运送到垃圾处理企业。垃圾经过分类,送往垃圾回收企业,制成再生聚酯。之后,服装企业将聚酯材料织成羊毛夹克,在体育用品商店销售。未来,这种循环会更加常见、更高效,当然也需要更多的跨行业协作——可通过生态系统合作关系和基于技术的平台实现的协作。

贵公司如何促进开放式创新?

问题1:在支持与生态系统合作伙伴进行数据共享和协作方面,贵公司的技术架构的开放程度如何?

问题2:贵公司采取哪些措施,提高开放创新平台的参与度，改进集体智慧架构？

问题 3：贵公司是否具备鼓励开放式创新的生态系统协调能力？如何衡量和监控这些能力以获得最大影响？

塑料银行
创建塑料生态系统，变革回收利用模式

顾名思义，从理论上讲，塑料银行（Plastic Bank）是存入塑料换钱的地方。而在实践中，塑料银行在全球最脆弱的沿海社区建立符合道德规范的回收生态系统，人们用收集来的塑料垃圾换成奖金。这些垃圾以"社会塑料"（Social Plastic®）的名义获得重生，被重新用于产品制造和包装。垃圾收集者通过获得奖金提高家庭收入和改善生活，提高对基本家庭必需品的负担能力，如副食品、烹饪燃料、学费和医疗保险等。

一方面，塑料银行通过创建全球制造的闭环供应链，努力消除对一次性塑料的需求。另一方面，它使社区中卑微的垃圾收集者成为回收利用领域的创业者，有可能使数百万人脱离贫困线。塑料银行部署了 Alchemy™ 区块链基础架构，确保每笔交易的安全性，

> 并提供实时数据可视性，从而提高透明度、可追溯性和快速可扩展性。
>
> 塑料银行是真正意义上的社会企业，它揭示了回收塑料垃圾的价值：团结企业与消费者共同防止海洋塑料的产生，同时改善全球海岸线那些最贫困的垃圾收集人员的生活。

行动指南

优先考虑可持续发展与社会影响，推动积极转型

无边界企业不会将社会责任划分为单独的构建块或职能块，而会将其融入到企业的每个职能中。无边界企业了解利益相关方对社会责任的重视程度，在战略和运营层面将转型与可持续发展工作相结合，利用数字技术推动这两个领域发展。

无边界企业依靠技术推进可持续发展工作，同时不断扩大商业机会。它通过协作、生态系统合作关系与平台参与，优先考虑可持续发展。无边界企业使用开放方法，开发符合目标的新解决方案，致力于创造更负责任、更公平而且更加可持续的世界。

以下行动可帮助贵公司调整宗旨与意图,以产生更广泛的社会影响:

发展战略

——在联合国可持续发展目标的指导下,将环境可持续发展与社会影响纳入企业战略。①

——从可持续发展以及ESG综合风险(包括监管、金融、经济和政治)中确定重要因素、市场和生态系统机遇。

——秉持利益相关方权益理论,综合审视人员、环境、社会使命和利润的影响,对价值进行适当的校准。

扩展工具

——评估数据、数字技术和自动化如何改进运营和企业工作流程,实现更加可持续的成果。

——运用自动化和AI优化生产流程和供应链,以减少对环境的影响。

——通过开放式创新和科学主导的发现进行试验,探索新的解决方案及可能性。

---

① "The 17 goals." United Nations Department of Economic and Social Affairs, Division for Sustainable Development Goals website, accessed October 27, 2021. https://sdgs.un.org/goals.

利用平台与生态系统

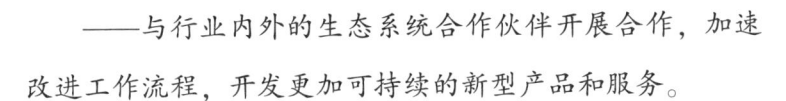

——与行业内外的生态系统合作伙伴开展合作,加速改进工作流程,开发更加可持续的新型产品和服务。

——积极扩大生态系统网络,广泛吸引私营企业、公共机构和非营利组织。

——广泛分享组织的发现,不断向他人学习。

转变运营模式

——致力于开放式创新,追求更加可持续的成果和实践。

——打破内外合作障碍。

——加快采用新技术,加大对透明数据的依赖。

衡量进步

——在运营指标、领导力评估和投资标准中强调可持续性。

——建立可持续性对标分析、衡量工具和报告流程。

——部署大数据和分析,评估可持续发展工作的有效性,发现新的机遇。

——随着新信息和新洞察的出现,不断审查、反思和强化优先任务。

第五章

包容性人技偕行发挥创造力

IBM 商业价值报告：
无边界企业

> **作者介绍**
>
> Tina Marron Partridge，IBM Consulting 管理合伙人，人才转型。
>
> Obed Louissaint，IBM 转型与文化和人力资源高级副总裁。
>
> Kelly Ribeiro，IBM Consulting 合伙人，人才转型创新部门负责人。

无边界企业利用快速重构的人技偕行。但是，我们也认识到，需要建立新型的领导、激励、互动和连接方式，以应对不断提高的数字化互动程度带来的人类同理心、创造力和归属感等方面日益严峻的挑战。

包容性人技偕行如何创造竞争优势

无边界企业依赖于人员、生态系统以及他们使用的呈指数级发展的技术之间的接口。随着地点因素的重要性降低，企业有机会从任何地方获得所需的技能和能力。因此，企业也获得了释放新价值和发现新解决方案的巨大潜力。要确保这种动态协作的有效性，需要明确定义强有力的工作流程，提供易于使用的工具和系统。

对于人员而言，无边界企业既是机遇，也是威胁。它意味着，您有机会通过全球互联互通的强大力量，在新的领域发挥自己的聪明才智；但与此同时，企业也能更方便地获得比您更强的技能。因此，持续学习、扩展学习以及保持敏捷就成为当务之急。需要重新思考员工的概念，不再限于零工经济的范畴，而是将其视为精心设计的组织和能力建设的一部分。因此，无边界企业需要重塑明确而开放的员工战略。

在无边界企业中，领导、员工和利益相关方重新建立对数据和技术的信任，将其视为决策的关键推动力量和运营模式的核心规则。数字虚拟员工和 AI 机器人将做出更多具有更大影响力的决策。以可预测、结合背景的渐进方法培养这种能力，无疑是一项挑战。

什么是包容性人技偕行？

数字化给传统工作流程带来了挑战，曾经由人类完成的任务现在被机器所取代。这肯定会受到阻力，带来恐慌。但是，如果运用得当，技术可以提高生产力，改善员工体验。

包容性人技偕行将定义未来的无边界企业。他们优先考虑企业人员及其生态系统的积极潜力。通过以具备同理心的方式有目的地实施新的系统和工具，领导可以发挥机器和人类的最佳能力，从而优化成果，提高人才效率，促进员工队伍多样性，实现工作与生活之间的平衡。

另一点也非常重要，无边界企业有能力显著加快包容性和多元化文化的发展，因为不同部门、组织、地域区域和背景的人员将参与到所创建的扩展工作流程和新的组织架构之中。对于目前被可信的开放平台和扩展的工作流程排斥在外的人员和企业而言，这为他们参与全球经济创造了新的机会。

但这一领域的开放潜力并不是简单地由技术或平台吸引力所推动。企业及其生态系统的文化和价值观必须以深刻的开放性为基础。考虑不充分或狭隘定义的无边界企业团队有损于团队的多样性，这会让团队错误地认为能够在彼此毫无联系的远程环境中茁壮成长。

极致自动化、数字化和算法成为新常态，人们分散在更多的远程工作环境中，当然，这会让无边界企业的人文关怀工作承受压力。我们可以看到，一些新的工作模式已经在帮助团队和个人更有效地处理日益模糊的家庭和工作之间的界限问题。

无边界企业及其领导层需要主动将"人员"与机器重新结合起来。随着混合程度更高的工作环境成为标准,办公室的选址、设计和面积调整变得更加复杂,开放空间和私密空间的平衡同样如此(见图5.1)。

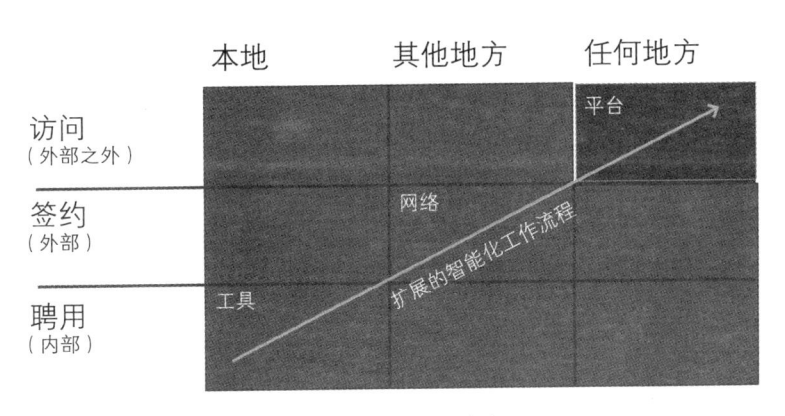

图5.1 人技偕行的发展

随着企业日益虚拟化,需要根据新的行动手册来建立强大的企业文化。企业领导需要向分布在全球的员工队伍(包括可能只在线上工作的员工)灌输积极的企业形象,这无疑是巨大的挑战。清晰的沟通、以身作则,以及有助于促进员工成长的持续反馈,对于建立成功的企业文化与明确的竞争优势至关重要。

建立现代的协作式企业文化

客户与员工互动日益虚拟化,加速了我们的工作和交流方式的转变。新的工作和协作模式不断浮出水面,例如随时随地开展工作的能力,这迫使企业重新审视现有流程,并与合作伙伴一起在生态系统中创建新的流程。

对于无边界企业而言,这是明确无疑、令人振奋的机遇——通过由高技能人才有的放矢地实施技术,建立现代高效的协作式企业文化,放大人才的作用。

在 IBV 近期开展的一项调研中,超过一半的受访最高层主管表示,他们打算在未来 3 年内通过随时随地利用人才库来获取专业技能。① 然而,工作的虚拟化不仅给企业和员工创造了机遇,也带来了挑战。一些最高层主管估计,到 2023 年,每年有 14% 的员工需要接受重新培训或技能重塑。因此,一些企业积极打造持续学习、扩展学习机遇的文化,以吸引、培养和留住顶尖人才。

对于那些被排斥在员工队伍之外的人来说,依靠基于技术的生态系统,他们现在不需要"四处漂泊"就可以获

---

① Previously unpublished data from 2021 IBM Institute for Business Value Virtual Enterprise Survey.

得就业机会，因此有更多机会参与到全球经济之中。25%的受访企业已通过生态系统合作伙伴获得人才和技能，另有41%的受访企业打算在未来3年内这样做。①

通过虚拟模式使用更广泛的人才库，可帮助企业消除关键的技能差距。这还提供多元化的候选人才渠道，激励工作场所发生积极的变革和创新。

无边界企业从根本上重新构想基于高度自动化工具和智能化工作流程的人技偕行。现在，人们希望与工作场所系统进行轻松而直接的互动。他们要求在工作时间、工作地点和工作方式等方面拥有更大的灵活性和自主权——在网络化的系统和工具的支持下，开展协作、实施创新并取得成功。

具有长远眼光的企业将自动化和AI作为这一工作的核心——加强人才的关键优势，支持员工将精力放在重点工作之上。智能自动化可确保整个企业"永葆活力"——不断优化产品和服务的交付，在不断变化的市场环境中持续运营。工作流程是可信信息和关系的支柱，也是用于推动关键即时决策的自动化规则和算法的存储库。

---

① Previously unpublished data from 2021 IBM Institute for Business Value Virtual Enterprise Survey.

IBM 商业价值报告：
无边界企业

领先者有何与众不同之处

领先企业总是在寻找更加智能、速度更快的工作方式，建立适应能力更强、更有弹性的运营模式。这包括使用数字技术增强员工队伍，从而灵活应对需求高峰或产能下降，适应动态市场环境，并在行业内及跨行业调配员工。

数字化有助于发掘新的员工队伍潜力，但同时也带来了与同理心、归属感和人际关系相关的新挑战。通过这种方式，不断进步的软件和技术持续支持和检验工作关系与协作。领先者能够在人技偕行方面保持平衡——采取以人为本的方法，通盘考虑收益绩效指标以及员工的身心健康。

通过将 AI、云计算和自动化技术集成在一起，领先企业实现了这一新的现实，为数据推动的智能化工作流程赋予强大的能力。这有助于建立敏捷的新业务模式，以此作为无边界企业中的价值"金线"，塑造未来的工作方式。

我们发现成功的领先者依赖于 4 个优先事项：

文化意识：89% 的领先企业认识到，必须推动文化和流程转型，同时重塑员工技能，留住人才，这样才能充分发挥智能自动化的价值。① 这包括负责任地使用新技术工具，避免人群不平等和偏见。

工作流程自动化：IBV 近期开展的一项调研表明，到 2023 年，企业打算交给自动化处理的复杂工作将是目前的 7 倍。②

真诚沟通：只有 34% 的受访高管表示，他们所在企业的领导层开展了真诚而且富有同理心的沟通。③ 在目前的人才市场上，员工拥有比以往任何时候都更大的选择自由度，因此领先者必须提供个性化的互动，并有意识地培养包容、积极的职场文化。

智能技术：到 2023 年，预计有 12% 的日常任务和 11% 的简单业务决策将由智能机器完成，而在 2017 年，两

---

① Butner, Karen, Tom Ivory, Marco Albertoni, and Katie Sotheran. "Automation and the future of work: Creating intelligent workflows across the enterprise." IBM Institute for Business Value. July 2020. Unpublished data. https://ibm.co/automation-workflows.

② Previously unpublished data from 2021 IBM Institute for Business Value Virtual Enterprise Survey.

③ Butner, Karen, Tom Ivory, Marco Albertoni, and Katie Sotheran. "Automation and the future of work: Creating intelligent workflows across the enterprise." IBM Institute for Business Value. July 2020. Unpublished data. https://ibm.co/automation-workflows.

者的比例分别为7%和6%。[①] 通过将更多任务托付给智能机器，可以将人员解放出来，使他们专注于价值更高的工作。

通过在人员和数字化劳动力之间实现恰当的平衡，无边界企业能够加速提高生产力、协作水平和创造力，建立更灵活、更具包容性和更有影响力的员工队伍。我们确定了指导无边界企业实现这种平衡的3项关键洞察。它们关注于：

——工作流程

——决策制定

——领导能力

数字化工作流程有助于提高收入

新冠肺炎疫情加速了客户和员工互动的虚拟化，塑造

---

① Butner, Karen, Tom Ivory, Marco Albertoni, and Katie Sotheran. "Automation and the future of work: Creating intelligent workflows across the enterprise." IBM Institute for Business Value. July 2020. Unpublished data. https://ibm.co/automation-workflows.

了持久的新型工作方式。

无边界企业通过部署技术，提高人员的工作效率，增强创造力。通过对关注未来的文化进行投资，企业可以更有效地实现长期的积极成果，吸引全球各地的包容性人才。

这些努力有助于改善业务成果，正如最近的 IBV 研究表明：为迎接技术推动的变革而成功重塑员工技能的领先技术采用者，实现了15%的收入增长率。[①]

疫情导致了大规模的业务中断。员工和雇主一直在努力寻找可持续的工作、娱乐和生活方式，同时保证安全和健康。对于高管来说，要在每个员工的需求与企业的重建和发展之间实现平衡几乎是不可能的。

员工队伍日益虚拟化，这不仅需要新的混合工作方式并重塑员工技能，还需要差异化的人才管理方法。

自动化工作流程有助于克服这些挑战。一半的受访企业将"融入技术的工作流程"视为他们未来3年最重要的竞争优势之一。[②] 通过扩大工作流程范围，在工作流程的

---

① Payraudeau, Jean-Stéphane, Jacob Dencik, and Anthony Marshall. "Extending digital acceleration: Unleashing the business value of technology investments." IBM Institute for Business Value. October 2021. https://ibm.co/extending-digital-acceleration.

② Previously unpublished data from 2021 IBM Institute for Business Value Virtual Enterprise Survey.

客户和生态系统之间创建端到端连接，可以改善业务成果。

工作流程的数字化几乎支持人才管理工作的所有领域，包括人才吸引、培训和技能重塑。它帮助企业利用任何地方的技能和能力，抓住新的机遇，促进多样化与包容性。呈指数级发展的技术、全新的业务模式和层出不穷的全球颠覆大潮都在推动企业转型，因此，提高人员的工作能力和技能水平凸显出前所未有的重要性（见图5.2）。

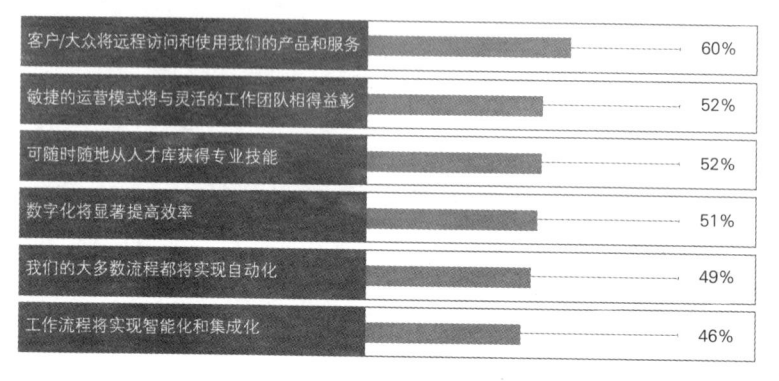

客户/大众将远程访问和使用我们的产品和服务	60%
敏捷的运营模式将与灵活的工作团队相得益彰	52%
可随时随地从人才库获得专业技能	52%
数字化将显著提高效率	51%
我们的大多数流程都将实现自动化	49%
工作流程将实现智能化和集成化	46%

来源：来自2021年IBM商业价值研究院无边界企业调研的未曾发布的数据。
问题：您在多大程度上同意上述陈述？

图5.2　混合工作方式和混合的客户消费方式需要敏捷性和数字化

工作流程数字化的有效程度如何？

问题1：如何规划企业内以及业务网络和生态系统中混合工作环境的影响，并对其建模？

问题2：贵公司如何优先实施工作流程自动化？工作流程自动化在多大程度上需要获取新人才或重塑员工队伍技能？

问题3：贵公司如何将对新技术的投资与对员工队伍培养、培训以及敬业度方面的投资结合起来？

西门子：利用虚拟客服为员工提供支持

作为数字化转型计划的一部分，西门子公司（Siemens AG）已将自动化和AI整合到许多流程之中，为客户和员工提供卓越的服务。该公司的人员与组织（P&O）领导不断采用新的变革和数字化技术，为全球29.3万名员工提供支持。领导让他们的团队参与到设计流程之中，旨在为员工提供互动式体验，更迅速、更准确地回答问题——无论涉及的地点、设备或时间。

为此，西门子创建了基于AI的HR虚拟客服CARL。CARL仅用了3个月就完成了开发，于2017年首次亮相，在德国和奥地利的西门子业务地点为12万受众提供服务。从那时起到现在，CARL已得到了显著的改进，并已推广到其他国家或地区。

开发团队采用设计思维实践,在创建和增强CARL时都优先考虑用户体验。该团队最初对聊天机器人进行编程,以处理西门子欧洲员工最常询问的5个主要话题。但从一开始,西门子就决定CARL的架构必须易于扩展和调整,能够随着扩展到其他西门子经营场所,适应不断增加的用户、语言和话题数量。如今,CARL可通过17种语言为全球超过29万人服务,涵盖不计其数的话题。

西门子还决定实施全球人力资本管理(HCM)云平台。这样,西门子简化并协调了全球P&O策略和流程,为HCM创建了标准化的数字平台。

如今,分布在38个国家或地区的西门子员工可以通过自己选择的设备,安全便捷地访问自助式HR功能。

决策必须是共享和可信的

工作的虚拟化既给企业和员工提供了新的机遇,也带来了新的挑战，因为企业能够更轻松地获得全球能力。

在无边界企业中，AI 驱动的决策既具有最大的潜力，也最让人担忧：哪些决策必须由人做出？哪些决策可由机器做出？这个不断发展的领域是人技偕行的核心要素。

机器主导的决策不断普及是不可避免的趋势。动态网络和服务越来越依赖于自动化流程和工具。极致数字化导致了数据源的爆炸式增长，为解决复杂问题和寻找新解决方案带来了机遇。

随着 AI 和机器学习应用于这个广泛的信息输入领域，模式识别和工作流程优化的潜能变得更加清晰。由数据主导的客户行为分析有潜力重塑服务主张，绩效监控可以明确指出有待改进之处。

将近 4/5（78%）的受访高管预测，到 2023 年，一些复杂决策或任务关键型决策将由智能机器做出。[1]

然而，人类因素同样相当重要。随着极致自动化、数字化和算法成为常态，人们在远程工作环境中变得越来越

---

[1] Butner, Karen, Tom Ivory, Marco Albertoni, and Katie Sotheran. "Automation and the future of work: Creating intelligent workflows across the enterprise." IBM Institute for Business Value. July 2020. https://ibm.co/automation-workflows.

分散，这也给企业带来了越来越大的压力。领导层需要接受并积极应对这些挑战。

关注人技偕行中的人类因素，对于实现和信任高质量的成果至关重要。

大多数高管都明白，员工在帮助他们应对经济动荡方面发挥着重要作用，因此他们会相应地优先考虑员工队伍的能力。事实上，员工队伍的安全性是高管最主要的优先任务，92%的受访高管计划在 2022 年前优先考虑这一能力。[①] 近 4/5 的受访高管十分重视员工队伍的培训和教育（见图 5.3）。

随着数据和信息成为这些新自动化决策流程的"原材料"，数据的价值在很大程度上取决于来源的透明度、可信度和安全性（来源包括企业、合作伙伴生态系统或客户洞察）。企业领导必须信任数据和技术，以便推动建立业务运营模式的决策规则。

将技术的信息输入与人类的信息输入联系起来，正是无边界企业的独特之处。智能化工作流程为数字化劳动力和人类员工提供了可视性和数据透明度，从而可以揭示实

---

① "Closing the chasm: Executives and employees don't see eye-to-eye on employer responses to COVID-19." IBM Institute for Business Value. October 2020. https://ibm.co/closing-chasm.

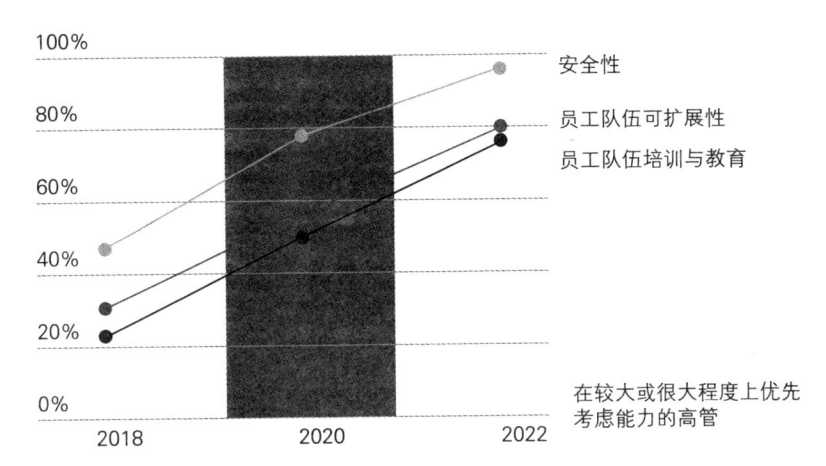

[图表：2018年至2022年高管关注能力变化]

- 安全性：约40% (2018) → 约75% (2020) → 约95% (2022)
- 员工队伍可扩展性：约25% (2018) → 约45% (2020) → 约75% (2022)
- 员工队伍培训与教育：约20% (2018) → 约45% (2020) → 约73% (2022)

横轴：2018、2020、2022
纵轴：在较大或很大程度上优先考虑能力的高管（0%—100%）

来源："消除差距：高管和员工并不认同雇主对新冠肺炎疫情的应对措施"，IBM商业价值研究院，ibm.co/closing-chasm。

图 5.3 高管更加关注与员工队伍相关的能力

时洞察，并通过自我学习和自我校准进行动态调整。事实上，通过运营自动化对人技互动进行建模，可帮助无边界企业模拟和分析如何改进效率与成果。

如何实现同时由 AI 和人类主导的决策？

问题 1：贵公司如何定义软件与 AI 以及人员的决策权？如何推进机器主导的决策，同时防止数据和软件中的潜在偏见？

问题 2：如何实现科学实践并确保数据来源安全可靠，从而使员工队伍、合作伙伴以及生态系统能够参与持续的探索和创新？

IBM 商业价值报告：
无边界企业

问题 3：如何让员工队伍和高管适应自动化主导的决策过程的速度？应考虑和实施何种故障保护措施？

美敦力：交付创新型 HR 解决方案

美敦力（Medtronic）在全球 150 个国家/地区拥有 9 万多名员工，为 70 多种全球最复杂、最具挑战性的疾病研究治疗方法，制造医疗设备。为了支持美敦力企业范围的业务转型，HR 部门实施了 IBM Garage 模型，用于大规模交付解决方案。

HR 的目标是通过快速发展创新型解决方案，推广新型协作式工作方式。他们以可重复的方式，不断发现新的用例，改善 HR 客户的体验，实现积极的业务成果。

通过应用 IBM Garage 原理，如设计思维、敏捷方法以及与 HR 利益相关方的共同创造，美敦力的 HR 部门能够建立有关改善 HR 服务和支持的共同愿景，将员工和经理置于由价值驱动的流程和工具改进工作的核心。

这种创新驱动的交付方法现在已成为 HR 数字化支持的引擎，也成为企业中基于价值的敏捷解决方案

> 开发的模型。它简化了流程,改善了客户体验,节省了大量时间,显著提高了效率。目前,美敦力的 HR 部门建立了创新渠道,用于发掘奇思妙想,帮助实现价值。

领导层需要基于同理心开展互动

新的混合工作方式正在兴起,需要为人员、团队和企业提供新的互动工具和规则。

无边界企业并不是没有人情味的地方。相反,它践行同理心,将其作为开放、探索和创造力的主要推动力,帮助促进价值创造并产生社会影响。

虚拟化将企业带入客户、员工以及合作伙伴的家庭和工作场所之中。办公室、团队和地点等发挥的多方面作用最近都进行了重新定义。随着技术的进步,以及新型互动模式的出现,这种演变只会越来越快,重新塑造协作与工作。

对一些人来说，随着他们采用并适应新的工作方式，家庭和工作之间的界限日益变得模糊。虽然虚拟工作改善了协作，比如共同开展项目或处理事务，但同理心和人际网络等企业凝聚力可能会遭受到侵蚀。

这一切都给领导层带来了新的压力，迫使他们重新思考企业文化。根据IBV近期开展的一项调研，41%的受访高管表示，他们专注于培养植根于同理心、适应能力和创新精神的企业文化。[1]

具有同理心的领导会把员工的安全和健康放在首位，并利用技术实现这一点。尽管人们担心技术可能会取代一些员工，但自动驾驶、无人机以及增强技术正在工业品、采矿和能源等行业为人类活动提供有益补充。这些技术不仅减少了碳排放，还改善了员工的安全和健康状况。

通过数字化的工作流程，无边界企业还能够利用任何地方的技能和能力。这样，获得各种人才的范围扩展到整个企业、合作伙伴企业甚至更广泛的社区，颠覆了原来的人才管理模式。通过利用全球人才库，可以创造新的工作机会，并提高多样化与包容性水平。

---

[1] Previously unpublished data from 2021 IBM Institute for Business Value Virtual Enterprise Survey.

扩展的自动化、连通性和透明度也可以改进员工队伍的情感表达,提高他们的敬业度。通过明确将员工健康和福祉以及工作模式灵活性视为高优先任务,企业就可以建立新型的"开放"式员工队伍战略。通过培养员工的各类技能,例如数字技能、认知技能、社交技能、情感技能、适应技能和弹性技能,企业可以让自己处于竞争优势地位(见图 5.4)。

比例	技能
54%	针对行业/职业的知识
37%	对新工作方式的适应能力
37%	自我激励
36%	商业头脑
36%	推动创新的创造力
31%	将新洞察应用于问题的批判性思维
27%	个人道德与诚信度
25%	用于对自动化解决方案进行编程和部署的技术技能

来源:来自 2021 年 IBM 商业价值研究院无边界企业调研的未曾发布的数据。
问题:在后疫情世界里,最重要的员工队伍技能是什么?

图 5.4 软技能的重要性不断提升

如何培养富有同理心的领导能力?

问题 1:随着虚拟化让工作和家庭之间的界限变得模糊,如何放大其积极效益,同时有效处理负面影响?

IBM 商业价值报告：
无边界企业

问题 2：如何培养经理和领导的软技能？贵公司对于员工队伍诉求的开放程度如何？

问题 3：如何消除对新技术的焦虑感？如何使用新技术改善职场体验？

Orange France：帮助人们与科技合作

作为一家主要的全国性电信企业，Orange France 制定了一项全面的 Orange Campus 计划，旨在增强员工的数字能力。通过共创工作室，Orange France 形成了人才和技术如何无缝协作的构想。在此过程中，150 个现有角色缩减至 30 个高级角色，并确定了未来员工队伍所需具备的 80 项数字化能力。

取得的成果令人印象深刻。Orange France 重新规划了培训路径，帮助员工掌握至关重要的新数字技能，提升了职业流动性。参与数字化转型的员工中有半数通过 Orange Campus 计划掌握了新的数字技能。各种各样的新数字产品使客户销售额增加了 150%，净推荐值分数也增加了 10 分。在全面的数字协助下，Orange France 数字渠道的自助服务使用率增加了 30%。

行动指南

深化包容性人技偕行，建立竞争优势

无边界企业兼顾技术和人文关怀，通过合理利用来放大两者的影响。无边界企业有目的地持续开展工作和投资，将人技融合成具有凝聚力、协作性和竞争力的整体，而不是让两者产生矛盾。

疫情的爆发导致新的工作模式在短短几周内成型，而压力也随之快速出现。随着工作和家庭的界限越来越模糊，积极和消极影响也越来越难以区分。新的混合工作方式要求企业及其员工和团队使用新的工具和敬业度规则。不愿意适应新环境的企业就会落在后面。

人技偕行成为智能化工作流程的一大"法宝"。企业内部以及整个生态系统的开放性增强了员工队伍的包容性，拓宽了人才的获取渠道与机会。

技术既会带来压力，但也可以产生解决方案、机遇和新发现。只有通过实现人技互动的最优平衡，未来的企业才能充分发挥其最大潜力，无论是对员工、利益相关方还是更广泛的社会而言。

以下是通过深化人技偕行获得竞争优势的5个步骤：

重塑员工队伍

——探索新的工作方式，实现灵活性。

——支持和帮助人才，缓解他们在工作/家庭平衡方面的压力。

——提供持续的学习和技能培养机会，特别是在技术使用方面。

应用智能工具

——利用 AI 和自动化开发智能化工作流程，将员工解放出来，让他们集中精力从事更高价值的工作。

——部署混合云和其他连接系统，以实现内部和整个生态系统的开放共享与透明度。

——利用数据，持续获得有关流程和人技偕行的洞察。

增强员工队伍

——通过灵活的劳动力资源和方法改善业务连续性和成果。

——培养强调企业和生态系统范围的协作和共同创造的思维模式转变。

——利用实验和实时洞察。

统筹协调数字化决策过程

——投资与呈指数级发展的新技术相匹配的角色和技

能集。

——确定在哪些情况下由算法独自做出决策,在哪些情况下需要由人员参与做出决策。

——检验新能力,以便整合人技专业知识。

促进员工敬业度,培养包容性文化

——为多元化、公平和包容性业务实践提供切实支持。

——获取并优先考虑整个企业中的各种建议或意见。

——实现具备同理心、同情心和透明度的领导方式。

第六章

开放安全的混合云与网络势在必行

IBM 商业价值报告：
无边界企业

> **作者介绍**
>
> Varun Bijlani，IBM Consulting 全球管理合伙人，混合云转型服务。
>
> Hillery Hunter，IBM 院士，IBM Cloud CTO 云行业平台与解决方案总经理。
>
> Shai Joshi，IBM Consulting 管理合伙人，全球混合云服务。
>
> Usha Srikanth，IBM Consulting 印度客户创新中心副总裁。

无边界企业充分利用混合云所带来的敏捷性与灵活性，与业务合作伙伴建立关系，并使用领先的开放技术。无边界企业以强大的网络和安全的技术基础架构为基础，确保能够在适当的总体架构中运行适当的工作负载，并且具备全球范围的即插即用兼容性。

开放安全的混合云与网络如何促进无边界优势

在无边界企业中，网络的力量非常关键，因为需要借助网络，以无缝、安全和实时的方式将参与者联系在一起。无边界企业离不开融入新生态系统关系中的开创性业务平台和强大的智能化工作流程，它们由科学和数据主导的创新活动重塑，带来广泛而且持续的影响。但是，如果没有专门的应用和基础架构提供支持，一切都将是空中楼阁。

混合云提供的现代、开放、安全的架构为无边界企业提供有力的支持。由于最近的新冠肺炎疫情，加速采用基于云的架构成了自然而然的选择，因为这种架构具备数字化加速所需的灵活性和适应能力。但是，光靠"云"支撑未来的企业还是不够的。只有在适当的总体架构中，为适当的工作负载部署适当的云，才能实现开放性和安全性。

对于协作和建立共享能力而言，开源解决方案可以产生倍增效应，释放出跨职能和跨行业的新价值。企业内的应用孤岛限制了智能化工作流程的覆盖范围，多个基于云的解决方案只会造成新层次的脱节。打破这些孤岛能够带来新的解决方案，充分吸收集体的开发与创新成果。在开放安全的混合云环境中，不同的人做出的贡献具有内在的兼容性。这对于无边界企业的适应能力至关重要。

什么是开放安全的混合云?

开放安全的混合云是一种跨越本地、大型机、私有和公有环境的技术架构。"开放"要素鼓励共享与互操作。"安全"要素保护数据和信息的完整性与可用性,支持无缝整合与转换。

混合云带来灵活性,既能满足将某些工作负载保留在本地或私有云中的需求,又能利用公有云快速和随处可用的功能。混合云架构为从核心到边缘的开发、安全和运营提供基于标准的统一方法。此外,它还支持在多个环境中实现工作负载的可移植性、统筹和管理。

随着无边界企业从组织内部向外扩展到合作伙伴和生态系统,无缝整合与迁移变得不可或缺。混合云为这个过程提供有力的支持。软件定义的网络是自适应解决方案,与混合云技术一起提供新一代的连接和弹性。它们重新定义电信提供商的角色,并向希望在这些新的网络价值链中提供组件的新参与者和生态系统合作伙伴开放该领域。底层技术架构的开放性变得越来越关键。

如果这种开源架构及其附带的控制能力可以增强企业外合作伙伴和生态系统的联系,就会带来更多价值。可共享的开放式 API、微服务的即插即用兼容性,以及各个合作伙伴之间的数据移动性,使许多新的发展中的多平台生态系统受益匪浅。开源还能够对获取构建和维护这些新系统所需的技能产生巨大影响。

CIO 和 CTO 成为更重要的最高管理层成员,这是因为对技术架构的战略要求再次成为竞争优势的关键要素。做出关于下一代企业系统的正确决策非常重要,正确选择满足数据和安全需求的本地、私有云或者公有云基础架构也同样非常关键。所有这些都必须限制在经济成本范围之内,并可以根据业务环境灵活调整。

无边界企业的应用现代化是一项复杂的任务,用数字和云架构取代原有架构存在非常现实的风险。敏捷方法、DevSecOps 和自动化有助于解决这种风险,但需要用适当的方法加以控制。数据可用性、质量、安全性和可扩展性对于无边界企业的发展至关重要,也对底层技术架构有着重大影响(见图 6.1)。

在以技术为基础的企业和业务模式的发展过程中,安全性已成为最重要的支持因素之一。随着企业生态系统扩展到其他合作伙伴或平台,在整个智能化工作流程中,对一致的安全性的需求必然会增加。

数据和信息是这些新工作流程的"原材料",但是这

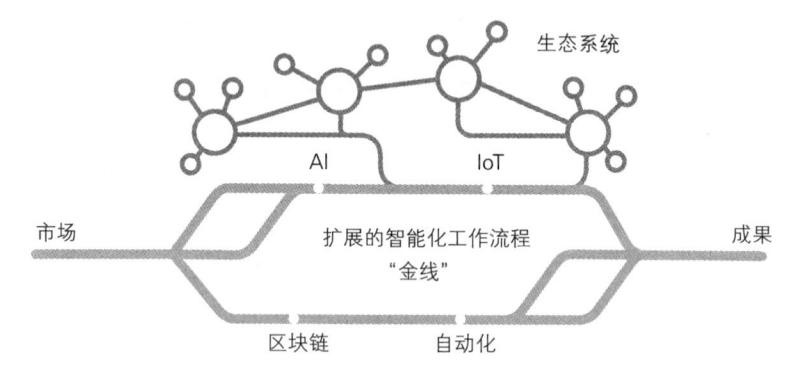

图 6.1 开放安全的混合云与网络是无边界企业的基础

种数据的价值在很大程度上取决于来源的透明度、可信度和安全性。虚拟世界的讽刺之处在于,"数据引力"比以往任何时候都重要。区块链之类的新技术,有潜力在加速推进这些新模式方面发挥截然不同的增强性作用,原因在于它们能够在工作流程中提供确定的身份、出处和活动。

通过采用开放安全的混合云和网络,可以推进所有这些机遇。

利用云技术加速进展

选择发展成为无边界企业的组织需要培养深入的云能力。包括生态系统、智能化工作流程在内的无边界企业的基本要素都离不开开放安全的混合云技术。

云并非简单的基础架构。与公路、铁路和机场不同,不应将云视为一次性、单一用途的资本支出。仅仅将"采用云"视为将旧系统(数据中心和传统IT管理)的各个部分更换为即插即用的新系统,是远远不够的。

更重要的是从根本上改进软件的设计、开发和运行方式。各行各业的领先企业迅速在内部转变为软件生态系统企业,而对外则仍是银行、医疗保健企业或工业企业。领先者将云、应用、数据和网络视为软件驱动型企业的核心要素。

仅仅使用私有云或公有云无法构建跨越组织边界的智能化工作流程;只有混合云才能提供所需的整合与统筹。采用云技术一度被认为会增加风险;但这样做可以带来新的机遇——大规模形成更安全和更开放的数字环境。网络安全和基于云的数字能力相辅相成，有助于确保绩效实现可持续增长，保持最终用户的信任度，以及降低中断风险。

混合云可以支持远超以往的开放和协作水平。混合云与数字化转型和业务转型相结合，可以为组织带来前所未有的战略优势和财务收益。

云领先者有何与众不同之处

云领先者有何特点？领先企业对云在无边界企业中发挥的作用有着广泛而一致的看法。他们认识到混合云架构对于智能化工作流程至关重要。他们了解应用和数据可能在任意数量的私有云或公有云上运行，甚至可以通过传统的本地数据中心运行。

IBV 通过一系列覆盖众多行业与职能的广泛调研，分析了技术领先企业的特征。这些组织日益重视在虚拟世界和实体世界之间无缝切换的需求。他们的运营超越了传统的组织边界，希望通过增强与业务平台和生态系统伙伴的合作，充分利用新技术带来的可能性。他们优先实施开放战略。

我们发现成功的领先者依赖于 4 个优先事项：[1]

采用：12 个行业内的科技采用者的收入增长比同行平均高出 6 个百分点。

整合：整合多个云环境有助于提高性能，混合云投资产生的业务价值是单一云平台方法的 2.5 倍。

转型：如果能够将云投资作为一项端到端的企业重塑任务，其收入影响可以放大 13 倍。混合多云与企业转型的联系越紧密，企业所有技术投资的收入影响就越大。

承诺：92% 的云投资收入潜力是通过云与其他转型能力相互作用所产生的。

在新型无边界企业中，由于开放式混合技术和架构实现数据民主化，并且显著提高智能化和洞察水平，因此有望重新定义业务经济模式。无边界企业体现了云领先者的必要特征，他们围绕 3 个主要概念建立基础：

——开放性

——持续现代化

---

[1] Payraudeau, Jean-Stéphane, Anthony Marshall, and Jacob Dencik. "Digital acceleration: Top technologies driving growth in a time of crisis." IBM Institute for Business Value. November 2020. Previously unpublished data. https://ibm.co/digital-acceleration.

IBM 商业价值报告：
无边界企业

——文化和生产力

开放性带来机遇

无边界企业的开放性需要通过开放安全的混合多云技术架构来实现。

无边界企业以开放性作为基础。开放性需要开放安全的混合云技术架构。它还需要开展协作——共享应用和数据，减少摩擦，降低交易成本和风险。无论应用和数据位于大型机还是公有云或私有云中，这一点都适用。

无边界企业在3个层面上运行：在企业内部，采用协作性和敏捷性更高的工作流程，连接各个部门和职能；在外部，与合作伙伴携手，让他们发挥更为关键的作用，为企业实现核心宗旨做出贡献；而在外部之外，参与更广泛的生态系统，让真正的平台经济发挥作用，让企业可以充分利用志同道合的伙伴的力量。

连接是这种运营模式的核心。事实上，根据IBV的调研，53%的受访组织将工作流程的"透明度和可视性"视为未来3年最重要的竞争优势之一。[1] 敏捷开放的运营模式支持企业通过问责文化、统一的战略目标以及不断发展的专业知识，为团队网络赋能。

然而，智能化工作流程的参与者（例如生态系统参与者）可能使用众多的系统、应用和数据。2/3的受访高管表示，在未来3年内，自己企业的创新运营包括数据和计算环境的独特配置，涵盖本地数据中心、大型机、私有云、公有云和边缘计算。[2]

克服这种多重困境的解决方案是采用安全开放的混合云，支持这些服务如同在统一环境中运行一样，同时增强总体安全保护。在近期开展的一项IBV调研中，82%的受访者表示，他们希望在系统和运营中采用更为开放的方法。在新冠肺炎疫情期间，混合云成为主要的云交付形式，部分原因是高级云能力对于数字化转型的成功至关重

---

[1] Previously unpublished data from 2021 IBM Institute for Business Value ecosystem study.

[2] Aggarwal, Takshay, Amar Sanghera, Jessica Scott, and Jonathan Wright. "Smarter supply chains for an unpredictable world: Continuous intelligent planning." IBM Institute for Business Value. August 2020. Previously unpublished data. https://ibm.co/smarter-supply-chains.

IBM 商业价值报告：
无边界企业

要（见图 6.2）。①

- 82% 希望采用更开放的方法进行系统连接和运营
- 82% 表示他们的组织需要将基于大型机的应用与其他关键应用集成
- 69% 希望利用混合云架构，提高原有系统的集成度和有效性

来源："主机上的应用现代化：扩展云转型的价值"，IBM 商业价值研究院，https://ibm.co/application-modernization-mainframe。
问题：您在多大程度上同意以下表述？（百分比代表回答"完全同意"和"部分同意"的总和。）

图 6.2 在数字化转型进程中，组织希望通过连接，整合各种数据

智能化工作流程是各种服务的组合。云基础架构必须支持这些服务进行交互和共享数据。垂直整合运营模式逐步转变为垂直连接运营模式。混合云战略必须采用虚拟计算环境，让工作负载和接口对接适当的平台（传统环境、私有云或公有云）。

准备好迎接开放性了吗？

问题 1：贵公司如何扩展系统的开放性，以改善连接

---

① Granger, John, Anthony Marshall, Aparna Sharma, and Smitha Soman. "Application modernization on the mainframe: Expanding the value of cloud transformation." IBM Institute for Business Value. July 2021. https://ibm.co/application-modernization-mainframe.

和价值创造？

问题2：贵公司当前的技术基础架构会如何限制机遇并暴露企业内部、与合作伙伴的合作中以及更广泛的生态系统中的风险？

问题3：对混合云技术的投资如何影响贵公司成本、适应能力和转型潜力？

> **Airtel：混合云、AI 与新的电信服务**
>
> 印度的数据使用量正经历快速增长，在2022年，复合年增长率（CAGR）超过了70%。面对这种情况，印度最大的综合电信公司之一 Airtel 选择使用现代混合云架构。通过这个平台，Airtel 计划提供响应更迅速的网络，利用自动化和人工智能来满足不断增长的客户需求，在适当的位置和网络层部署新服务。
>
> Airtel 希望在开放式混合云平台中引入第三方服务，包括游戏、远程媒体制作和企业服务，帮助实现新的收入来源。Airtel 的目标是加快服务面市速度，以及减少运营和资本支出。包括 B2B 和 B2C 应用开发商在内的生态系统合作伙伴也可以在网络云

> 中找到自己的位置，创建包括新的边缘产品在内的增值服务。
>
> 此外，网络云还融入了 AI 技术，旨在提高合作伙伴加入生态系统的自动化程度，并改进针对网络设备提供商提供的不同服务的监控和预测能力。

现代化旅程永无止境

新的生态系统和扩展的智能化工作流程需要大规模地开展应用现代化和技术更新，以促进数据访问、提高灵活性和降低总体拥有成本

无边界企业始终走在改进和现代化的道路上；始终利用各种智能化工作流程中的洞察。无边界企业从来都不是静态不变的。

混合云是这个过程中的润滑剂，帮助企业开展全面而持续的转型。根据 IBV 近期开展的一项调研，4/5 的受访高管表示，组织需要快速转型以跟上竞争步伐，包括实现

第六章　开放安全的混合云与网络势在必行

应用现代化以及采用更开放的方法。[①] 将近70%的高管计划利用混合云，改善原有系统的集成度和有效性。

数字化转型战略可以推动底层系统现代化，更重要的是，推动其中的应用现代化。从技术、战略和监管角度来看，混合云环境有助于使工作负载和接口与最合适的环境对接。所有这些都有助于实现持续的现代化和工作流程改进，以响应综合的反馈循环（见图6.3）。

1 智慧制造	2 预测性中断管理	3 综合金融服务	4 个性化客户服务	5 企业风险管理
6 IT转型	7 营销与品牌管理	8 个性化员工队伍培训	9 绩效管理	10 持续协作规划

来源：来自2021年IBM商业价值研究院无边界企业调研的未曾发布的数据。

图6.3　通过云计算得到改进的主要工作流程

---

① Granger, John, Anthony Marshall, Aparna Sharma, and Smitha Soman. "Application modernization on the mainframe: Expanding the value of cloud transformation." IBM Institute for Business Value. July 2021. https://ibm.co/application-modernization-mainframe.

这种现代化可采用多种形式。例如，许多企业一直在使用云平台来开发"云原生"应用。云原生应用的构建方式完全不同于单体式应用，设计单体式应用的初衷是满足业务活动的职能需求，但这种想法逐渐过时。在云原生应用中，每个功能块都使用容器构造为独立的微服务，容器已成为微服务架构的标准。

因此出现了"控制塔台"方法，用于统筹协调企业架构中不断变化的各个部分，这也是一项重要的基于云的现代化。我们想象一下，在开放标准的支持下，这种思维可加以扩展，以包含各种端到端的生态系统环境。许多高管告诉我们，智能化工作流程需要混合环境——事实上，在近期开展的一项IBV调研中，只有13%的受访者不同意这种说法。[1]

基于云的企业资源规划（ERP）解决方案在整体架构中同样扮演着重要角色，是智能化工作流程的支柱。通过精确集成基于云的ERP解决方案、差异化数据和开放应用平台，扩展的智能化工作流程可在多个环境中共同运行，为无边界企业提供强大的核心。

---

[1] Previously unpublished data from 2021 IBM Institute for Business Value ecosystem study.

这样，混合云模型才能使无边界企业保持安全保护方面的优势。开放安全的混合云网络支持组织利用更出色、更现代的解决方案，这些解决方案即时可用，而且持续更新。

贵公司是否有能力持续开展现代化活动？

问题1：贵公司是否创建了持续的流程，用于对应用和系统进行现代化改造？

问题2：如何确定要对哪些应用进行现代化改造，如何实施改进，以及如何确定新功能的正确目标？

问题3：贵公司如何确保工作流程的安全性能够满足未来的要求，甚至是在整合更多合作伙伴、网络和生态系统的情况下？

> **Lumen Technologies：将混合云扩展到网络边缘**
>
> Lumen是一家总部位于美国的跨国技术提供商，它希望为客户提供更加快速的实时解决方案。将Lumen的服务用于计算密集型应用（如金融交易和外观检查）的企业客户通常会部署AI驱动的分析模型，需要获得即时结果。他们不希望在Lumen将信息发送到数据中心或外部云进行处理和计算时出现延迟。

> Lumen 的答案是实施边缘计算网络。但是，为了更有效地实现这项技术，Lumen 需要建立强大的混合云能力。现在，借助高度安全的通道，Lumen 为客户提供对集中式云控制台的访问，这样一来，他们可以在全球企业中开发、分发和管理边缘应用，同时确保所需的多功能性。
>
> Lumen 将 IBM Cloud Satellite 集成到自己的网络中，支持客户在边缘更快速地推动创新，充分利用新能力，把握呈指数级出现的新机遇。

企业文化与生产力密不可分

正确的架构选择、开放安全的解决方案以及可替代的技能集是无边界企业成功的基础

企业文化作为黏合剂，将内部和外部参与者联系在一起，推动创新、协作和价值创造。对于无边界企业而言，它是连接人员、技术和组织能力的关键要素，推动实现转型成果和更理想的业务绩效。

通过将混合云作为开放技术基础以整合运营、更加安全地共享数据并增强生态系统参与者之间的信任,组织就可以更有效地开展协作、共创和创新活动,从而实现更高的价值(见图6.4)。

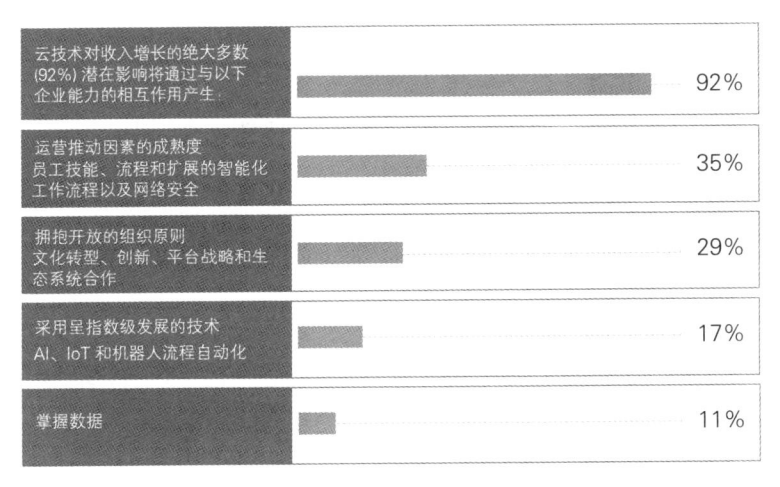

云技术对收入增长的绝大多数(92%)潜在影响将通过与以下企业能力的相互作用产生	92%
运营推动因素的成熟度 员工技能、流程和扩展的智能化工作流程以及网络安全	35%
拥抱开放的组织原则 文化转型、创新、平台战略和生态系统合作	29%
采用呈指数级发展的技术 AI、IoT和机器人流程自动化	17%
掌握数据	11%

来源:Jean-Stéphane Payraudeau、Anthony Marshall 和 Jacob Dencik 合著,《释放混合云的业务价值:无边界企业如何推动收入增长和创新》,IBM 商业价值研究院,ibm.co/hybrid-cloud-business-value.

图6.4 云技术的收入增长潜力

企业在走上转型之路时,很难依靠原有的 IT 员工队伍来应对技能重塑挑战。底层解决方案和架构越开放,就能覆盖越多的大型机、私有云和公有云——负责开发和维护工作的团队的替代性和复用性也越高。

根据 IBV 近期开展的一项调研,81%的受访组织表示,企业文化对数字化转型做出了积极贡献。此外，3/4 的受访者告诉我们，让生态系统更紧密地联系在一起，是建立混合云的关键推动力量。①

随着技术重新定义任务并扩充工作内容，员工在适应新的工作方式时不可避免地需要进行技能重塑、接受重新培训和获得相关支持。基于云的开放型组织有能力利用自身员工和更广泛合作伙伴生态系统的技能潜力。IBV 的一项调研发现，作为学习型企业，在培养人才和技能方面表现出色的高级云采用者的收入增长率比其他高级云采用者高出 9%。②

各行各业的企业都希望在虚拟世界和实体世界之间无缝切换。为了充分发挥新来源的价值，他们希望通过增加与平台以及生态系统伙伴的合作，将运营扩展到传统的组织边界之外。随着他们对这些战略的采用，在不同运营环境之间迁移数据和保证工作效率变得越来越重要。

---

① Payraudeau, Jean-Stéphane, Anthony Marshall, and Jacob Dencik. "Unlock the business value of hybrid cloud: How the Virtual Enterprise drives revenue growth and innovation." IBM Institute for Business Value. July 2021. ibm. co/hybrid-cloudbusiness-value.

② Payraudeau, Jean-Stéphane, Anthony Marshall, and Jacob Dencik. "Unlock the business value of hybrid cloud: How the Virtual Enterprise drives revenue growth and innovation." IBM Institute for Business Value. July 2021. ibm. co/hybrid-cloudbusiness-value.

通过混合云建立和保持倡导互操作和开放的企业文化，有助于提高员工和组织的生产力。

企业文化如何促进生产力？

问题 1：复杂的技术资产如何加深整个企业、与合作伙伴的合作过程以及生态系统中基于标准的协作式运营环境的复杂性？

问题 2：在为将来虚拟化程度更高的环境做准备时，贵公司如何最恰当地解决潜在的人才缺口？

问题 3：在持续的数字化转型中，贵公司在提高或重塑员工技能方面面临哪些障碍？

达美航空：实现技术平台现代化

由于新冠肺炎疫情导致需求下降，达美航空（Delta Air Lines）看到了实现数字基础和运营现代化的独特机遇。达美明白，必须持续改进客户和员工的体验，以及提高整个企业的运营效率。在数字化转型过程中，达美将大部分数据和应用都迁移至云端。

超过 2000 名达美 IT 专家致力于应用开发、安全性和云部署。通过迁移到开放式混合云架构，达美能够使用基于标准的统一方法执行运营任务和开展改进

> 工作。新的云架构帮助达美整合了网络，提高了敏捷性，并且释放了各种应用中数据的力量。
>
> 达美预计在未来 3 年内，将通过混合云环境，让 90% 的应用和数据库实现现代化。业务价值优势：该航空公司预计开发效率将提高 30% 以上。

行动指南

利用混合云推进无边界企业向前发展

无边界企业依靠扩展的智能化工作流程、呈指数级发展的技术以及新的数据能力，为跨平台和生态系统的共创、协作和创新带来了新的可能性。开放性是其决定性特征，由云提供支持。

随着智能化工作流程和平台上的多云解决方案数量激增，必须更深刻、更全面地理解推动这些解决方案的数据，并管理数据的访问位置和访问速度。领先的安全协议不可或缺。通过整合，可以推动企业和社会的转型，从而实现更高价值。我们构想了如何通过整体转变人们与技术以及这些工作流程的互动方式，来增强同理心、生产力和体验。

基于云的开放混合模型通过提供接近实时的洞察，支持组织的员工、生态系统和灵活的工作单位团队，从而促进协作，带来更多机遇。

以下是有效利用混合云与网络的5个步骤：

提高组织开放度

——积极参与平台模式，使组织能够以全新的方法和改进的方法与合作伙伴、客户和其他利益相关方建立关系。

——确定跨系统、跨网络协作的价值。实现产品组合现代化，与其他生态系统建立联系并持续跟踪价值。

——在组织内部、合作伙伴网络以及生态系统中建立信任。

投资于适当的技术组合

——将混合云作为整合与连接的基础。

——通过将数据流向随时可用的广泛网络，实现现代化，确保在适当的位置可使用适当的数据，在适当的时间可使用适当的应用。

——优先考虑具有最高复合价值的技术，推动实现业务成果。

发展运营支持力量

——构建和优化智能化工作流程，与数据融合，由呈指数级发展的技术提供支持，以便充分利用数字加速的业务潜力。

——在与生态系统合作伙伴合作时，增强网络安全能力，以保护和鼓励协作、共同创造和数据共享。

——在企业中融入学习和持续技能重塑文化。

持续进行现代化改造

——避免将转型视为一次性的活动。而是应当接受持续改进，将其作为没有尽头的目标和过程。

——探索数字仪表板方法；云编排器/管理平台；以及基于云的 ERP、软件即服务（SaaS）和独立软件供应商（ISV）解决方案。

——实施反馈循环，推广学习、最佳实践和改进的流程。

推动企业文化变革

——培养开放式企业文化，鼓励不断试验，培养新技能，形成新的工作方式，认识到新的奇思妙想可能来自任何地方。

——明确阐述战略并设立清晰的标准，优先考虑最有价值的构想。

——制定并建立绩效指标，重视和奖励创新、协作和价值创造。

结束语

在过去的 20 年里，我们看到技术进步不断激发业务和运营模式、产品和服务乃至整个行业的变革。从智能手机的普及到 AI 和量子计算的兴起，技术对家庭生活、教育和政府机构乃至企业都产生了巨大的影响。这种技术发展势头让人们的生活与技术密不可分。从某种程度上来说，疫情成为一个转折点，进一步推动个人和组织走向数字世界。

这种技术、社会和经济影响的融合为无边界企业的出现奠定了基础。无边界企业蓝图包含扩展的生态系统和平台带来的协作和开放式创新，当然，它也离不开串联着组织内外利益相关方的"金线"——智能化工作流程。它采用科学探索发现方法，在价值链中挖掘信息，以获得数据驱动的即时洞察。

无边界企业致力于实现社会整体利益，他们认识到，这种努力也有利于企业的发展；此外，他们还努力促进包容性的人技偕行，以此扩充人类的才能。所有这一切都建立在开放安全的混合云与网络支持的基础上。无边界企业具备外向性和前瞻性，积极促进持续协作，不断增强能力，支持创新的业务平台，打造突破性的解决方案，并且确保持续增长。无边界企业专注于开放性、敏捷性和弹性，他们目光长远，借助各种先进的能力确保目前的成功以及未来的持续发展。

下 篇

无边界企业
行业视角

第七章

2022年全球银行与金融市场展望

IBM 商业价值报告：
无边界企业

作者介绍

Anthony Lipp，银行和金融市场全球战略主管，IBM 行业学会成员，主要负责制定并执行 IBM 业务战略，为全球银行与金融市场客户提供服务。他拥有丰富的行业和咨询经验，就金融服务领域的重大战略、组织和企业转型计划为高层管理人员提供服务。
联系方式：LinkedIn 账号 linkedin.com/in/lippanthony/，电子邮箱 anthony.lipp@us.ibm.com。

Sajal Mukherjee，合伙人，全球银行业务能力中心（CoC），IBM 行业学会成员，Sajal 致力于满足全球金融服务客户的需求。他成功实施了众多全球转型计划，是后台优化战略、核心银行现代化以及云路线图实施的设计等多个领域业内公认的主题专家。
联系方式：LinkedIn 账号 linkedin.com/in/sajal-mukherjee-bfsi，电子邮箱 sbmukher@us.ibm.com。

Nikhil Aggarwal，IBM Promontory 实践总经理，IBM 行业学会成员，是数据和分析高管，在消费者和企业银行业务方面拥有丰富的经验，涉足的领域涵盖反洗钱（AML）/金融犯罪合规、网络安全、欺诈、信用风险、运营、用户体验、营销和销售等。
电子邮箱 Nikhil.Aggarwal@ibm.com。

Mirian Ramalho Cruz Rodrigues，IBM 巴西数字化战略主管，IBM 行业学会成员。Mirian 为金融服务业带来了开放银行业务、快速支付和业务即平台等创新。她在运营方面拥有超过 10 年的领导经验，并且是开发和领导运营转型方面公认的专家。
电子邮箱 micruz@br.ibm.com。

第七章　2022 年全球银行与金融市场展望

Steve Reiser，高级合伙人，ES&iX，金融服务，客户合伙人，IBM 行业学会成员。Steve 是金融服务高管，拥有超过 20 年的全球复杂业务转型经验。他是卓有成就的思想领袖，出版了多本有关金融服务战略、业务转型和 IT 组织设计方面的行业著作。Steve 在多个会议上发表过演讲，包括分析师研讨会、CFO 论坛、CEO 圆桌会议以及一些特定的客户演讲活动。他的言论还被多家行业期刊引用。
电子邮箱 sreiser@ us.ibm.com。

Swati Bhide，合伙人，亚太区块链与自动化全球创新部门主管，IBM 行业学会成员。Swati Bhide 是 IBM 合伙人，负责领导亚太市场的区块链和自动化部门，已成功实施了 100 多个区块链项目。她是银行业专家，在该领域拥有近 20 年的咨询经验。
电子邮箱 swabhide@ in.ibm.com。

Nitin Gaur，IBM 金融科学与数字资产研究主任，Nitin 是在重塑金融服务行业的未来方面卓有成就的主管，在数字货币、中央银行、数字金融、金融科技 (fintech)、监管科技 (RegTech) 和去中心化金融 (DeFi) 等领域拥有丰富的经验。他是 IBM 杰出工程师和 IBM 发明大师，拥有多项专利，出版了多种技术著作，并且经常进行演讲。
电子邮箱 ngaur@ us.ibm.com。

Corey Hamilton，合伙人，金融服务，全球安全服务，Corey 领导金融服务行业的全球安全实践。他负责帮助世界各地的银行、保险公司和其他金融机构发现并解决最大的安全风险，保护客户和数据的安全以及企业声誉。他擅长的领域包括项目战略、云计算和转型工作。
电子邮箱 Corey.Hamilton@ ibm.com。

IBM 商业价值报告：
无边界企业

> Paolo Sironi，IBM 商业价值研究院金融服务全球调研负责人，IBM 行业学会成员，Paolo 负责为金融机构、初创企业和监管机构的高管提供业务专业知识和战略思想。他出版了许多有关计量金融、数字化转型和经济学理论的作品。
> 联系方式：LinkedIn 账号 linkedin.com/in/thepsironi，电子邮箱 paolo.sironi@de.ibm.com。
>
> Diane Connelly，IBM 商业价值研究院行业调研负责人，Diane 鼓励新的思维方式，并在客户、同事和消费者之间就影响金融机构的趋势和洞察开辟沟通渠道。她拥有深厚的金融服务行业和咨询专业知识，在执业务战略和设计企业转型方面有着丰富的经验。
> 联系方式：LinkedIn 账号 diane.connelly@us.ibm.com，电子邮箱 linkedin.com/in/diane-connelly-ibv/。

要 点

极致数字化

通过使企业范围的运营实现端到端的数字化，有助于催生以客户为中心的新型业务模式、新产品和服务、新的工作方式以及合作伙伴生态系统。数字化对于满足客户期望以及提升收入、成本和资本的财务绩效至关重要。

发挥数据和 AI 的价值

通过转变核心数据环境，提高效率和灵活性，促进以

第七章　2022 年全球银行与金融市场展望

协作方式大规模利用深度分析和 AI。这包括围绕如何捕获、存储和使用数据建立道德规范框架。

灵活的技术架构

现代架构提供最优的互操作性和可移植性，支持在多个计算环境中部署和管理工作负载，同时帮助金融服务组织满足安全与合规要求。

引　言

作者：Anthony Lipp，银行和金融市场全球战略主管

肆虐全球的新冠肺炎疫情已经进入了第三个年头，金融服务业逐渐适应新的现实。许多临时措施目前已常态化，一种新的行业结构逐渐浮出水面。

虽然该行业可能躲过了一场重大危机，但整体表现仍然低于金融危机前的水平。在财务绩效、客户体验以及采用新的业务、运营和协作模式等诸多方面，金融业的表现都落后于许多其他行业以及许多新的竞争对手。

在今年的《全球银行与金融市场（BFM）展望》报告中，IBM 行业学会的 BFM 主题专家以及全球行业领导团队回顾了过去 12 个月的客户体验，并且表达了对新的一年的期望。他们的统一观点指明了 2022 年的行业最高级优先任务。

IBM 商业价值报告：
无边界企业

——立即开始真正的重塑——解决制约财务绩效的结构性弱点。金融机构必须找到新的业务模式（推动增量收入增长）、新的运营模式和计算环境（从结构上降低运营成本）以及新的方法（提高资本效率）。

——构建以客户为中心的新平台业务模式，在无摩擦环境中协调与整合生态系统参与者的众多需求。领先的金融机构建立由自己的银行主导的生态系统业务模式，为具有价值的细分市场提供服务，同时将自己的产品和服务与其他企业的既有平台进行深度整合。

——拥抱端到端的极致数字化，重塑运营并推动创新。为了在所有的数字化竞争中取胜，金融机构采用新方法，利用自动化、混合云和 AI 等呈指数级发展的技术。这些技术推动内部业务部门以及外部合作伙伴生态系统实现数字化，同时帮助确保安全性与合规性。

——快速行动，提高弹性，改进风险管理水平，并应对监管。金融机构为了应对疫情，将工作负载和业务迁移到新的渠道、运营领域以及合作伙伴，弹性跃居行业优先任务的前列。企业需要进一步提高弹性，才能支持业内目前采用的新型业务和运营模式。

——找到切实可行的可持续发展模式，金融机构即能以可接受的性价比启动新的计划,满足市场期望、监管要求以及企业的道德目标。

——部署 AI 工厂,转变数据环境,让数据真正发挥作用,帮助加速转型。金融机构以合乎道德规范的方式采用新的深度分析和 AI 工具,增强运营和客户体验,更好地履行监管义务。

——接受新工作场所中新员工队伍的现实,重新定义工作的方式、地点和时间。目前,金融机构的员工队伍包括员工、分包商、供应商以及合作伙伴的员工。在不断变化的实体和数字工作环境中,新模式支持这种扩大的员工队伍高效开展协作。

——与合作伙伴生态系统携手,加快创新步伐,提高效率。越来越多的金融机构在加快转型步伐的过程中,开展外部合作,在运营模式中以更低的成本结构提供更好的功能。

——利用数字资产迅猛发展的势头,努力打造新的客户与合作伙伴生态系统、新产品和服务以及新的用例。金融机构可以成为快速发展的数字资产市场的推动者和产品提供者。

——在网络安全的新前沿保持领先,应对越来越狡猾的攻击者。虽然新的业务和运营模式以创新方式随时随地为客户提供服务,但同时也为安全漏洞创造了机会。金融机构重新审视企业风险状况，并在内部和整个生态系统中部署增强的安全能力。

许多组织已着手满足部分或大多数迫切的需求。另一些企业则没有跟上步伐。消费金融服务的新模式和整个行业的加速数字化都要求机构调整方向，立即开始真正的转型。

毫无疑问，银行希望看到正利率，所以每当出现负利率时，我们都不会开心……调整业务模式以适应数字化和技术变化的必要性，比负利率引起的不满更迫切。[①]

Mario Draghi，欧洲中央银行前行长

立即开始真正的重塑

解决制约财务绩效的结构性弱点

虽然金融服务行业近期的重点任务是扛住疫情的打击，但该行业仍未展现出接近于金融危机前的投资回报水

[①] Draghi, Mario and Luis de Guindos. Press conference. European Central Bank. September12, 2019.

平。事实上，不断变化的客户期望、竞争形势和其他宏观经济因素暴露出金融机构的结构性弱点。

想一想下面这些对财务绩效的限制因素：

——来自非传统参与者的竞争加剧，这些参与者使用基于呈指数级发展技术的新业务模式和运营模式吸引客户

——经济充满不确定性，通胀环境即将到来

——持续的低利率或负利率影响净利息收入

——面对系统性风险因素，资本成本高启

——监管措施催生更开放的金融服务。

股本回报率（ROE）在2020年因疫情而急剧下降之后，在2021年确实有所回升，但仍远低于金融危机前的水平，也低于该行业的股本成本（见图7.1）。自20世纪90年代以来，该行业的净息差（NIM）持续下降，迫使银行探索创造非利息收入的机会，并采取行动减轻NIM压缩带来的影响。[①] 银行业的市净率约为账面价值的1倍，而所有其他行业则为3倍。

金融机构不能仅仅满足于探索非利息收入的新机会，

[①] "New business models in banking bring new creditrisks." Vanguard. July 15, 2021. https://advisors.vanguard.com/insights/article/newbusiness-models inbankingbringnewcreditrisks.

IBM 商业价值报告：
无边界企业

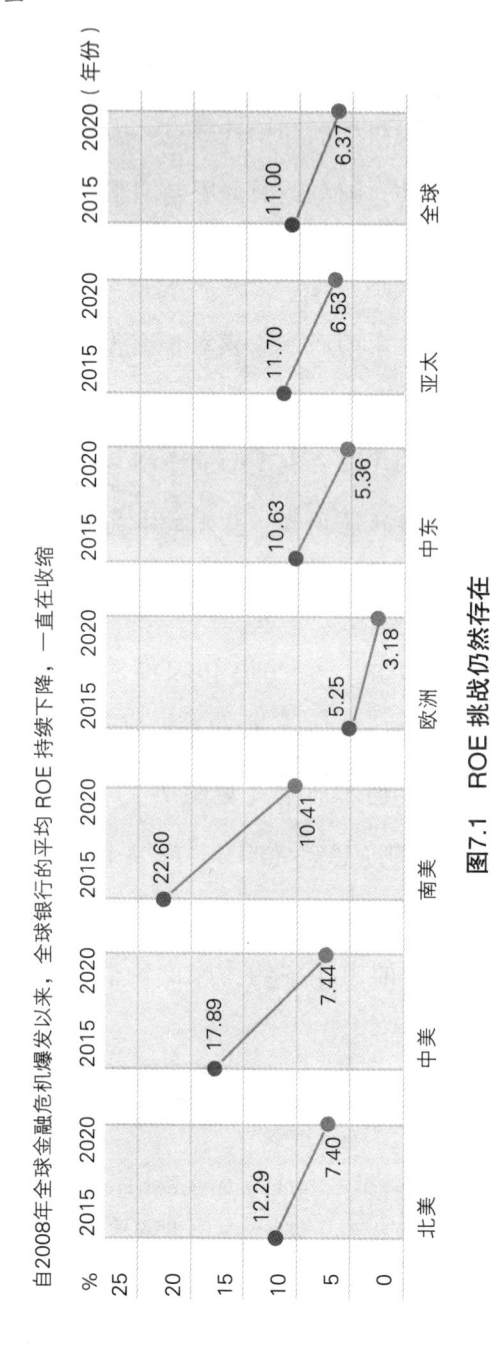

自2008年全球金融危机爆发以来，全球银行的平均 ROE 持续下降，一直在收缩

地区	2015	2020
北美	12.29	7.40
中美	17.89	7.44
南美	22.60	10.41
欧洲	5.25	3.18
中东	10.63	5.36
亚太	11.70	6.53
全球	11.00	6.37

图7.1 ROE 挑战仍然存在

来源：IBM，数据来自 The Banker Database。

172

而必须采取更为根本性的步骤：通过采用利润更高、更有竞争力的新型商业模式重塑自我。这些新模式离不开数字化转型，只有这样，才能发挥业务流程和工作流程的价值，甚至将价值创造活动扩展至机构边界之外。

我们希望通过这个［You Only Need One（YONO）］平台，确保我们的核心银行产品以及合资企业、子公司产品的销售；同时提供一个在线市场，满足客户在金融服务之外的需求。①

Rajnish Kumar，印度国家银行前行长

构建以客户为中心的新平台业务模式

协调与整合生态系统参与者的众多需求

成功的平台企业利用行业内和跨行业的价值链，让客

---

① Adhikari, Anand. "Inside account of how SBI's YONO became one of the largest digital lenders in India." Business Today India. October 2021. https://www.businesstoday.in/industry/banks/story/inside-account-of-how-sbis-yono-became-one-of-the-largest-digital-lenders-in-india-310152-2021-10-22.

户的生活和工作更加轻松惬意。2021年，70%的全球最具价值的企业基于平台业务模式开展运营（见图7.2）。[①]

平台企业的市值增长超过传统企业。
从2016年底到2021年底的股价增长

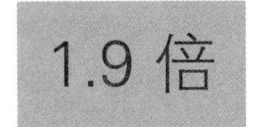

1.9倍	2.9倍	3.5倍
道琼斯工业平均指数	纳斯达克综合指数	平台指数

* 由 The Original Platform Fund 估算得出，该基金包含 15 个权重相同的第三代平台股票
来源：IBM 内部分析。

图 7.2　实现高价值

专注于商务、社交媒体和通信的早期平台业务模式现在逐步扩展到更广泛的行业。这包括旅游、医疗保健、娱乐、工业、制造以及许多其他行业。

金融服务是其中许多生态系统（如果不能说全部的话）不可或缺的推动因素。为了减少这些复杂的客户互动中的摩擦，越来越多的平台企业将金融服务纳入价值主张之中，特别是在支付方面。虽然一些生态系统协调者与外部合作以满足自己的金融服务需求，但也有许多正在构建

[①] Internal IBM estimate.

自己的金融服务业务。

为了充分把握平台业务模式的机遇,领先的传统金融机构双管齐下。首先,他们将自己的能力嵌入现有平台协调者的业务模式中,并采取行动降低商品化程度——使用平台以不同的方式吸引客户,获取新的洞察并开发新的产品和服务。其次,他们在细分市场中利用自己的差异化能力,开发由自己的银行主导的生态系统。

开放式金融提供安全、可靠的模块化互动,支持用户与可信的第三方共享财务数据——从而帮助这些生态系统取得成功。正确运用 AI 还可以帮助金融机构开展超级个性化的客户互动。

拥抱端到端的极致数字化

重塑运营并推动创新

随着新冠肺炎疫情推动客户和员工加速适应数字化环境,许多金融机构的运营和技术差距就暴露出来。这种适应性也超过了许多金融机构满足飙升的需求的能力。作为应对,最初的数字化计划侧重于转变客户界面。虽然这是个良好的开端,但这个侧重点本身并不能在整个企业及其生态系统中释放全部潜力。

为了在所有数字化竞争中取胜,金融机构正在采取两个重要步骤。首先,他们探索自动化、混合云和 AI 等呈指数级发展的技术。其次,他们大规模应用这些技术——通过更安全的平台互动,实现内部业务部门之间以及外部合作伙伴生态系统之间的协作。数字化从客户接口扩展到中后台运营,在整个组织和生态系统中释放价值。

采用极致数字化需要金融机构建立现代化的计算环境和基础架构,支持创新所需的灵活性,同时提高弹性运营的成本效率。然而,仅仅做到这一点远远不够。

(竞争的)门槛更高了。最大的变化是超数字化。[1]

Piyush Gupta,星展银行的 CEO

基于多种异构技术的一系列紧密耦合的应用可能会限制银行采用这些新技术以及进行端到端转型的能力。为了进一步发展,他们需要重塑业务架构。这必须确保计算环

---

[1] "The 2021 CEO Study: Find your essential." IBM Institute for Business Value. February 2021. https://ibm.co/c-suite-study-ceo.

境的互操作性以及微服务和容器化解决方案的安全可移植性（见图7.3）。

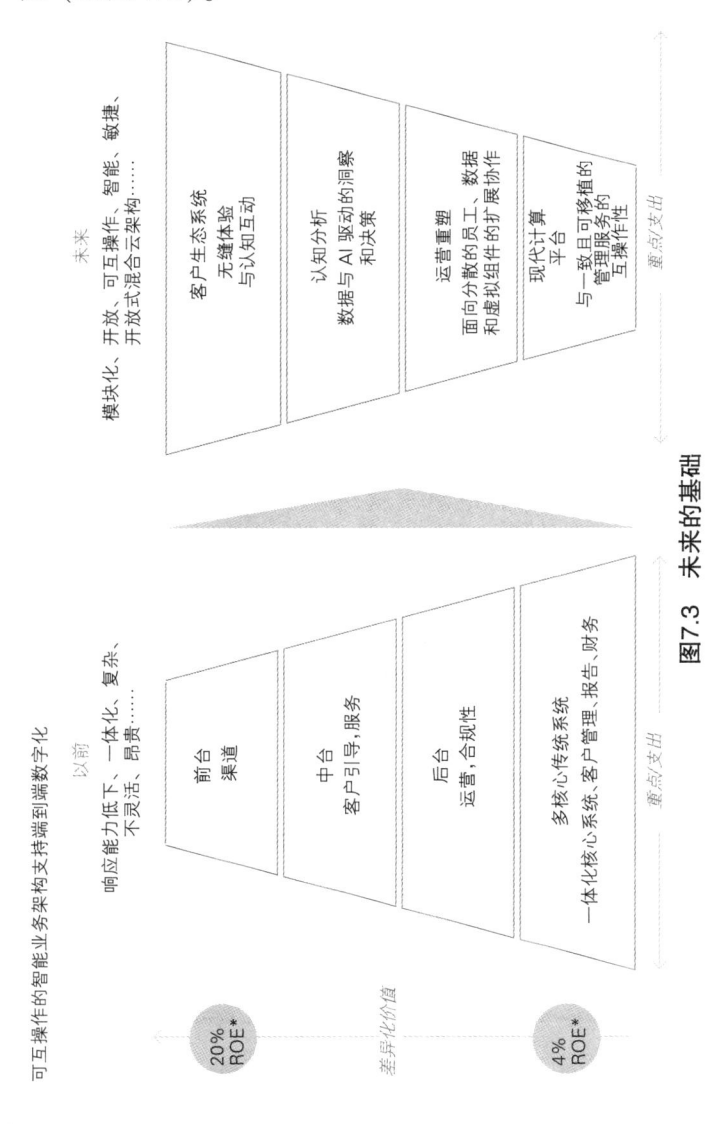

图7.3 未来的基础

未来：模块化、开放、可互操作、智能、敏捷、开放式混合云架构……

- 客户生态系统：无缝体验与认知互动
- 认知分析：数据与AI驱动的洞察和决策
- 运营重塑：面向分散的员工、数据和虚拟组件的扩展协作
- 现代计算平台：与一致且可移植的管理服务的互操作性

重点支出

以前：响应能力低下、一体化、复杂、不灵活、昂贵……

- 前台：渠道
- 中台：客户引导、服务
- 后台：运营、合规性
- 多核心传统系统：一体化核心系统、客户管理、报告、财务

重点支出

可互操作的智能业务架构支持端到端数字化
20% ROE*
差异化价值
4% ROE*

来源：IBM，数据来自 The Banker Database。

为了加速实现数字化,金融机构应采用架构主导的转型,并结合重塑的工作流程和运营模式。

快速行动,提高弹性

提高风险管理水平,并应对监管

在新冠肺炎疫情暴发之前,人们预计数字化发展目标需要 10 年时间才能实现。而新冠肺炎疫情暴发之后,这些目标仅用了不到 18 个月的时间就完成了。为了应对挑战,银行适应了新型运营模式和扩展云访问的局面,并由此加强了与客户的联系。

与此同时,他们加快实施数据和分析创新计划,以增强风险与合规计划。这减少了企业内部的组织孤岛,为智能自动化带来了新机遇。内部和外部合作伙伴组成的生态系统联盟在实现智能化工作流程以提高组织弹性方面发挥了核心作用。关键业务流程也因此得到加强。例如,与本地环境相比,云端的反洗钱(AML)中央存储库提高了 AML 控制和工作流程的效率。

然而,数字加速、计算环境的重新配置以及扩大的员工访问范围也产生了意想不到的后果。首席风险官（CRO）和监管机构逐渐发现新的依赖关系，引发对整个行业运营稳定性的担忧。该行业对云超大规模企业的依赖只会加剧这些担忧。

主动修复客户的任何资金和服务访问中断，以避免声誉风险和监管处罚，是目前最主要的业务优先任务之一。工作负载可移植性、避免云访问的"锁定"以及从服务中断中快速恢复成为业务决策的热门话题。

企业董事会应正确看待云技术，将其视为提升业务绩效和股东回报的战略推动力量和支持因素。但是，在考虑云迁移和数字化转型时，CRO 可与技术及合规领导团队合作，通过发现伴随的风险和潜在的补救措施，保持对弹性的高度关注。

CTO 可以提供有关技术变革的业务案例。如何减轻环境影响？如何降低流程自动化对工作职位的影响？我们如何对人才进行技能重塑，以应对未来的挑战？[1]

Fezile Dali，标准银行的 CTO

---

[1] "The 2021 CTO Study: The CTO Revelation." IBM Institute for Business Value. December2021. https://ibm.co/c-suite-study-cto.

IBM 商业价值报告:
无边界企业

找到切实可行的可持续发展模式

在业务价值和市场期望之间实现平衡

2015年,联合国全体会员国一致通过《2030年可持续发展议程》,自那时起,可持续发展开始获得真正的关注。截至2021年底,占全球银行资产比例超过45%的265家银行签署了联合国的《负责任银行业务原则》。[①] 银行业目前正在制定和部署计划以履行这些承诺;同时通过有针对性的投资,帮助确保实现整体业务和财务目标。

这些计划涉及4个主要领域:

——结合气候与可持续发展数据及洞察,帮助管控风险。与可持续发展相关的数据(例如碳排放)可帮助银行更好地评估整个产品组合中融资决策的机遇和风险。这包括贷款和按揭承销、销售和交易(资产负债表)头寸,以及与客户融资相关的风险。

——解决银行运营的可持续发展问题——金融业的净零排放之旅。减少自身运营对环境和社会的负面影响,包

---

① UN Environment Programme, Finance Initiative. "Principles for Responsible Banking." https://www.unepfi.org/banking/bankingprinciples/.

括减少交易、数据中心、房产设施、人员和出行的碳足迹。

——开发新产品和服务,支持可持续发展议程。这包括可持续金融,例如,为客户的可持续发展计划提供资金,还包括为朝着绿色经济、碳中和以及环境、社会和治理(ESG)的转变提供资金支持。

——报告可持续发展绩效。这包括有效地将可持续发展结果和风险传达给外部(例如,监管机构、投资者、协会和市场)和内部(例如,员工、董事会和治理部门)的利益相关方。

可持续发展不仅是金融服务行业用于响应社会需求的一系列计划,也是巨大的机遇,有助于提高运营绩效,推动新的收入流,满足不断变化的客户期望。

可信的透明模式对我们的成功至关重要,并且要真正符合企业文化和重要原则,这样才能够帮助改善客户服务。[1]

Manav Misra,Regions 银行的首席数据与分析官

---

[1] Clemente, Jennifer. "Trustworthy AI helps Regions Bank better serve customers." IBM Blogs. June17, 2021. https://www.ibm.com/blogs/journey-to-ai/2021/06/trustworthy-ai-helps-regions-bank-better-serve-customers/.

IBM 商业价值报告：
无边界企业

部署 AI 工厂，转变数据环境

让数据真正发挥作用，帮助加速转型

随着客户关系和员工活动实现数字化，创新机遇随之增加，但运营挑战也如影随形。要减少互动中的摩擦，离不开接近实时的核心银行业务能力。这还需要建立风险管理模型，确保金融产品既有吸引力又谨慎定价。

例如，如果客户希望自己的需求能够即时得到满足，银行必须能够接近实时地了解多变的经济形势、不定的人员决策、数据集的完整性和算法的准确性之间的相互依赖关系。正确部署的数据和 AI 可成为真正的竞争优势，但还需要实施适当的治理机制，形成必要的信任，帮助在整个组织中扩展 AI 运营。

新的可信数据基础有助于将 AI 应用从业务部门的试验扩展到强大而可靠的企业规模的执行。这包括通过透明的数据和 AI 治理，增强人们对智能自动化可靠性的信心，从而转变核心流程。除了技术之外，数据文化和相应的思维模式也是成功的必要条件。

然而，随着 AI 的大规模应用，道德规范的考量变得至关重要，这有助于避免 AI 潜在的过度使用和意想不到的后果。有鉴于此，监管机构正在提高使用 AI 的合规门槛，以维持商业价值的可持续性，这也就不足为奇了。因此，金融机构需要建立一套道德标准，用于管理运营模式，并指导高技能员工以协作方式使用人工智能。

接受新工作场所中新员工队伍的现实

重新定义工作方式

什么是员工队伍？什么是工作场所？新冠肺炎疫情从根本上改变了我们对这些概念的看法。与其他企业一样，金融机构已经意识到传统的员工队伍定义过于局限。随着员工队伍概念的逐步扩大，企业的贡献者分散在多个环境中，更深层次的依赖关系变得清晰起来。

这种变化超越企业边界，扩展到分包商、供应商以及合作伙伴，出现了接近实时互动的热潮。这给传统运营模式的有效性和弹性带来了考验，施加了压力，它鼓励向开放式组织转变，以便发挥全面数字化转型的业务价值。

不断发展的员工队伍/工作场所模式要求企业适应不断变化的生活方式选择。现在，灵活性对于保持竞争力至关重要。但是，打造分散、有弹性的工作文化需要的不仅仅是自上而下的愿望表达。

目前，我们正在体验新的工作方式，这意味着技术和文化方面都面临着非常严峻的挑战。[1]

Fernando Treviño Elizondo，墨西哥北方银行的CIO

在目前的实践中，工作场所需要新型协作方式。以客户为中心的更高价值的创新依赖于无缝的员工互动、由AI增强的决策以及对安全云访问和智能化工作流程的支持（见图7.4）。

随着金融机构加快运营模式转型，他们可以将自动化扩展到更广阔的范围，以此促进与合作伙伴生态系统开展更深入、更具弹性的协作。

---

[1] "The 2021 CIO study: The CIO revolution." IBM Institute for Business Value. November2021. https://ibm.co/c-suite-study-cio.

更加混合的环境,新的工作、监督和领导方式和地点

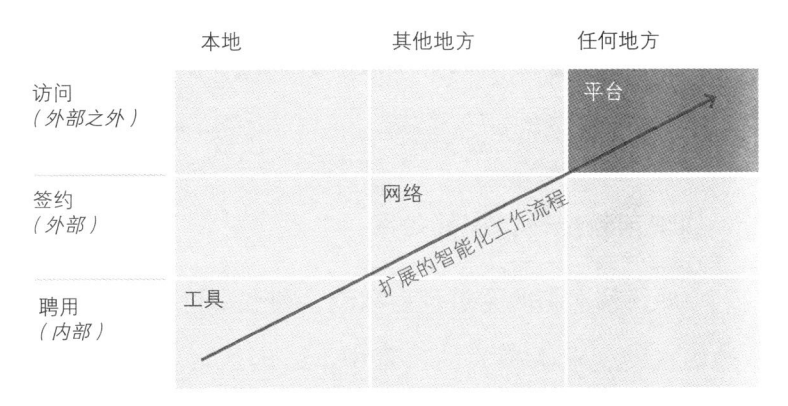

	本地	其他地方	任何地方
访问 (外部之外)			平台
签约 (外部)		网络	
聘用 (内部)	工具		

扩展的智能化工作流程

来源:Mark Foster 著,《无边界企业:虚拟世界中的认知型企业》,IBM 商业价值研究院,2021 年 5 月。https://ibm.co/virtual-enterprise.

图 7.4 新常态

> 我们已经在企业中打造了一些能力,便于更好地开展合作。因为我们不可能事必躬亲。我们也不想这样做。[1]
>
> Ross McEwan,澳大利亚国家银行的 CEO

---

[1] "The 2021 CEO Study:Find your essential." IBM Institute for Business Value. February 2021. https://ibm.co/c-suite-study-ceo.

IBM 商业价值报告：
无边界企业

与合作伙伴生态系统携手

加快创新步伐，提高效率

金融机构面临的竞争日趋激烈，利润率持续压缩，因此他们在转变业务模式的过程中，必须从根本上降低成本。速度至关重要。

协调有序的合作伙伴生态系统有助于加快数字化转型的步伐，领先的全球高管就这一点达成共识（见图7.5）。银行可以汇集非金融合作伙伴的贡献，共同创造新的业务模式和服务。

但这需要现代业务架构，以支持安全、创新的协作。合作关系通常有助于增加业务价值。但长久以来，由于缺乏简便、安全的互动，这个优势受到严重制约，而目前基于云的架构有效解决了这个问题。现在，银行可以在各种云平台中使用标准方法，深化和扩展整个生态系统中的协作。

当这些平台使用业内一致的业务架构时，就可以提高风险管理的透明度，减轻合规负担，简化协作，提高运营

IBM 2021 年的 CEO 调研指出，在表示通过合作获取所需能力的受访企业中，表现出众者的比例要比业绩欠佳者高出 97%。

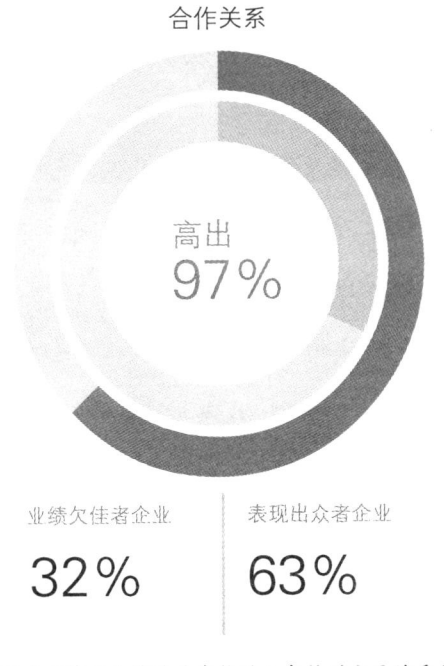

合作关系

高出
97%

业绩欠佳者企业
32%

表现出众者企业
63%

问题：新冠肺炎疫情使合作关系在推动业务转型方面的重要性发生了怎样的改变？
来源："2021 年 CEO 调研：识别'必需'"，IBM 商业价值研究院，2021 年 2 月。https://ibm.co/c-suite-study-ceo.

图 7.5 合作关系：最高优先任务

效率，并增强弹性。正确构建的架构依赖于可通过标准"即服务"模式交付的模块化、可移植且完全可互操作的服务。这样可以帮助银行在将服务与新产品结合和重新结合时，避免重塑合规与安全机制。

生态系统思维需要具备商业和技术方面的敏锐度，还需要转变为开放的组织文化。有助于生态系统取得成功的方法包括：

——在与合作伙伴开展合作之初就制定合作战略

——持续投资于可以逐渐产生价值的关系

——按比例分担风险和共享回报

——使用高度模块化的支持平台，推动合作关系

拥有适当合作伙伴生态系统的银行可以重新思考其战略，并根据价值、即时性以及最重要的信任，吸引和留住客户。

不同DLT（分布式账本技术）和其他技术之间的互操作性是展示如何节省时间、降低市场风险以及提高中央银行、商业银行和全球客户之间交易安全性的关键所在。[1]

Mark Williamson，汇丰银行总经理，
负责测试高级代币和数字钱包结算功能

---

[1] "HSBC And IBM Successfully Design and Test Interoperable Multi-Ledger Central Bank Digital Currency, Securities And Foreign Exchange Settlement Capability." IBM News Room. December 2021. https://newsroom.ibm.com/2021-12-16-HSBC-And-IBM-Successfully-Design-And-Test-Interoperable-Multi-Ledger-Central-Bank-Digital-Currency,-Securities-And-Foreign-Exchange-Settlement-Capability.

第七章　2022年全球银行与金融市场展望

利用数字资产迅猛发展的势头

努力打造新的生态系统

金融服务生态系统面临一个有吸引力的机遇：可使用数字连接进行重组，以提高效率，降低成本，打造更出色的客户体验。这一机遇反过来又不可避免地推动新数字资产的出现，包括中央银行数字货币（CBDC）、非同质化代币（NFT）、稳定代币和加密货币，它们可以作为消除金融互动中较多摩擦的解决方案。

但是，这种从根本上改变现状的方法也带来了许多挑战。传统机构的政策和流程以及现有法规都尚未做好准备，无法应对去中心化金融（DeFi）贷款、加密货币投资以及价值和所有权的代币化交换等方面不断增长的需求。

监管机构正忙于定义各种基本规则，覆盖批发银行业务活动和零售银行业务利益。全球有超过 80 家中央银行正在测试备用货币管道的逻辑和可靠性，其中一些已经发行。[1]

---

[1] Bank of International Settlements. "Annual Economic Report 2021." June 2021. https://www.bis.org/publ/arpdf/ar2021e.pdf.

这需要值得信赖的金融中介机构部署新的数字基础架构，以满足在托管、资本管理解决方案和安全存储保管方面不断增长的需求。

目前仍有很多问题亟待解答。目标基础架构是什么，如何管理？无论是传统业务模式的转型，还是未来元宇宙的出现，相关法律和法规框架目前仍在制定过程中。考虑到多种不确定性，要实现超级透明的治理，就需要管理爆炸式分散在多个平台上的所有组件。

数字资产要取得成功，就需要在高度复杂的基础架构中实现安全连接和互操作性，而这样的新生态系统仍在形成过程中。

安全是重中之重。因为我们踏上围绕新技术栈的新转型之旅，这一点对我们来说非常关键。[1]

Amit Saxena 印度国家银行全球副首席技术官对 YONO 计划的评论

---

[1] Bertrand, Ryan. "The Rise of a Financial Tiger." IBM Case Study. October 2020. https://www.ibm.com/case-studies/state-bank-of-india/.

在网络安全的新前沿保持领先

应对越来越狡猾的攻击者

在过去的两年里,员工分散在远程工作场所,合作伙伴生态系统以全新方式进行互动,因此网络安全再次成为一个紧迫的问题。

加速的云投资帮助银行应对不断变化的客户期望,其中最重要的是 24×7 式全天候数字访问。但是,持续重新配置计算环境以完成这些计划,可能会削弱安全框架,增加技术的复杂性和事件响应的工作量。

银行现在必须首先从安全角度重新审视企业风险状况,然后再进一步扩展云运营的业务范围。勒索软件事件在各行各业愈演愈烈,显现出更隐蔽的网络攻击趋势。在云投资中,银行必须通过提高技能和使用先进技术,扩充自己的安全实践,以应对狡猾的攻击者,从而能够在发现新漏洞时及时解决。

要取得成功,需要在与行业参与者和云提供商合作的过程中具备基本的安全能力。由来自多个机构的共享数据扩充的 AI 模型，有助于增强行业"免疫"系统，第一时间发现犯罪模式，防止它们在扩展的生态系统中传播。

好的开始是成功的一半，在安全领域，我们不能再做"事后诸葛亮"。数据泄露代价高昂（见图 7.6）。通过在开发过程的早期测试安全性（即"测试左移"），改变运营模式和企业文化，可以在不减缓创新速度的情况下阻止网络犯罪分子。

积极主动地追求安全性有助于降低数据泄露的成本

572 万美元
金融服务业的
数据泄露
平均成本

平均总成本同比增长 10%
（2019—2020 年）

来源：《2021 年数据泄露成本报告》，IBM，2021 年 7 月。https://www.ibm.com/security/data-breach.

图 7.6　不断攀升的成本

第八章

价值聚焦　技术向善

大数据和创新技术助力无边界制造

IBM 商业价值报告：
无边界企业

作者介绍

林岚，IBM Consulting 大中华区合伙人，大数据与技术创新部门总经理。是 IBM 大中华区合伙人，担任大数据与技术创新部门总经理。林女士拥有 20 年以上的管理咨询经验，专注于推动新技术赋能的业务创新和模式变革，通过大数据、人工智能、认知技术等科技向善，助力 IBM 战略客户完成价值链的数字化重塑与商业模式的创新。近年来，在数字技术发展的趋势下，林女士主要聚焦在帮助企业进行数字化转型，致力于帮助各行业客户创造新的价值。
电子邮箱 linlan@cn.ibm.com。

刘雪松，IBM Consulting 数据平台与数据治理团队负责人，副合伙人。刘雪松先生是 IBM 大数据与技术创新部门的副合伙人，担任数据平台与数据治理的团队负责人。他有着深厚的咨询经验和专业技术知识，领导定义大数据技术和创新解决方案的用例，为大中华区多个主要的零售商和消费品生产企业开发变革性的解决方案和项目。
电子邮箱 neoliu@cn.ibm.com。

吴大维，IBM Consulting 工业 4.0 团队负责人，副合伙人。吴大维先生是 IBM 大数据与技术创新部门的副合伙人，担任工业 4.0 的团队负责人。他深耕金融科技与数据分析，曾在多个大型企业担任过技术领域的最高层主管，擅长利用数据、高级分析和人工智能帮助企业实现数据变现

第八章 价值聚焦 技术向善
大数据和创新技术助力无边界制造

与数字化转型。

电子邮箱 wudavid@cn.ibm.com。

倪春，IBM Consulting 车联网与边缘计算团队负责人，副合伙人。倪春先生是 IBM 大数据与技术创新部门的副合伙人，担任车联网与边缘计算的团队负责人。他有超过 15 年的产品管理及创新管理经验，领导智能设备与 AIOT 等先进技术研究，在汽车、制造等行业有着丰富的创新实践经验。

电子邮箱 nichun@ibm.com。

魏星辰，IBM Consulting 数智战略解决方案负责人，咨询经理。魏星辰女士是 IBM 大数据与技术创新部门的咨询经理。她擅长设计思维与车库方法，在创新规划、企业数字化转型等领域拥有丰富项目实践，协助多家企业的高级管理层制定集团级战略，并运用数智技术帮助孵化创新服务，提升业务绩效。

电子邮箱：stellawei@cn.ibm.com。

王莉，IBM 商业价值研究院高级咨询经理。王莉女士是 IBM 商业价值研究院的高级咨询经理，担任 IBM 全球高管调研项目和对标分析项目的大中华区项目负责人。她拥有 15 年以上的管理咨询和管理研究经验。王莉女士目前所关注的研究领域包括数字化转型、无边界企业、人工智能等。

电子邮箱 gbswangl@cn.ibm.com。

IBM 商业价值报告:
无边界企业

> 王威，大数据与技术创新部门消费品解决方案负责人。
> 电子邮箱 wweiw@cn.ibm.com。
>
> 张颖，大数据与技术创新部门区块链解决方案负责人。
> 电子邮箱 Ying.Zy.Zhang@ibm.com。

摘 要

中国制造企业正面临巨大挑战

在动荡与充满不确定的商业环境下，中国制造企业正面临销量下滑、供给迟缓、响应迟缓、资金断链、员工安全等重重挑战。

要实现逆势成长，制造业需要向"无边界制造"转型

打造"无边界制造"需要构建三大能力：1. 数智战略；2. 平台模式；3. 新兴技术，如人工智能、物联网和边缘计算、工业互联网平台、区块链等。

企业可以审时度势，把握住产业结构调整的机会

IBM基于丰富的项目实践经验和行之有效的陪伴式创新服务方法论，提出七条行动指南，帮助制造企业更好地利用数据和新兴技术的力量，实现价值的无边界。

第八章　价值聚焦　技术向善
大数据和创新技术助力无边界制造

制造企业正面临前所未有的挑战

企业生存如逆水行舟，不进则退。今天，许多企业都在谈论数字化变革，大多数人也都认同，必须在数字技术背景下开展企业的转型升级和个人的工作学习。新冠肺炎疫情推动组织加速采用新的工具和实践，对许多组织、企业和个人而言，大数据和新技术不仅仅是解决方案，更是维持生存的生命线。

2020年伊始，一场旷日持久的新冠肺炎疫情席卷了全球，使全球的制造企业面临着巨大的挑战。其中，被称为"世界工厂"的中国制造业，也遭受到了极其严峻的影响：

• **销量下滑**：作为中国乃至亚太地区行业门类覆盖最广、产业链最全、影响力最大的制造业聚集地，华东地区自今年春节以来，遭遇开工难、用工难和市场需求下滑的多重压力，部分外资企业甚至计划撤离部分产线至其他国家，导致第二季度的新增订单及销售发货均大幅下滑。中国物流与采购联合会的数据显示，受全国疫情冲击，4月全国PMI继续回落2.1至47.4，部分地区供应受阻，前半个月产业链严重断链，企业活动大幅收缩。本月往年均值差低于可比年份0.2个百分点，环比值低于可比年份1.7个百分点。[1]

- **供给中断**：以汽车制造业为例，全球80%以上的汽车零配件制造与中国有关。工厂停工导致的产能缺口已造成了交货期的大幅延长，与此同时，积压的库存进一步压缩了制造企业的盈利空间。根据乘联会提供的数据[2]，2022年4月，国内乘用车的产量仅为98.7万辆，同比3月份的186万辆下降了47%。受疫情影响，2022年的货运流量比起往年尤其惨淡，困难的运输环境也进一步加剧了供应链的压力。

- **响应迟缓**：复杂的业务流程和分散的组织所导致的部门墙弊端在因疫情而不得不离散办公的环境下被放大。缺乏整体视角，使得各组织决策时往往只能实现局部最

---

[1] 中采咨询. "中国PMI制造业全国综述202204：一点断全链断，政策现逆转"，2022年4月30日，http://www.pmiii.org/article.aspx?id=1155

[2] 乘用车市场信息联席会. "2022年4月份全国乘用车市场分析"．2022年5月10日，http://www.cpcaauto.com/newslist.php?types=csjd&id=2747

第八章 价值聚焦 技术向善
大数据和创新技术助力无边界制造

优，进而阻碍了企业快速响应的能力。

· **资金断链**：融资成本高、渠道少历来是中小企业的难点，漫长的资金周期和高额的融资利息，加上疫情期间无效的成本支出，如厂房租金、设备折旧、工资支出等，无疑令原本就复工率极低的企业雪上加霜。

· **员工安全**：随着疫情防控管理趋于常态化，日常消杀与卫生防疫被加入了许多制造企业的 EHS 规范中。居家办公与远程协作成了新的工作模式，如何平衡运营效率与员工健康，成为制造企业又一关注点。

在疫情和相关市场压力的推动下，有不少企业黯然离场。有些是缺乏足够的技术能力，未能扛过宏观环境的变化；有些虽然拥有新技术，但缺乏与之对应的新的工作方式、专业知识和专业人才；还有些在新的业务模式下，缺乏相关历史经验引导创新的推进。

面对严峻的挑战和前所未有的压力，制造企业的管理者不禁发问：

· 公司连年亏损，如何在接二连三的黑天鹅事件中得体应对，扭亏为盈？

· 资金链紧缩造成上游供应商库存短缺，如何快速响应防止供应链中断？

· 如何强化制造厂商的供需匹配，并提升本地供应链的核心竞争力？

针对上述困惑和挑战，本报告介绍了无边界制造企业如何借助大数据和创新技术不断发掘价值链中的信息，实现运营价值优化和增长机遇，从而打开通向极致数字化、扩展价值链和新合作关系的大门。希望能够给国内的制造企业一些启发和参考。

三大能力构建"无边界制造"

值得庆幸的是，也有一波企业在这个寒冬逆势成长。我们发现，这些企业通过加速采用新的工具与技术实践，得以从容应对变革。这些企业依托大数据、人工智能、区块链等科学和数据主导的创新，以从自身及生态合作伙伴的海量数据作为坚实基础，不断发掘价值链中的信息，创造包括商业模式重塑、业务运营和产品服务创新、顾客体验等价值实现和增长机遇，从而打开通向极致数字化、扩

第八章 价值聚焦 技术向善
大数据和创新技术助力无边界制造

展价值链和新合作关系方法的大门。我们称之为"无边界制造"。

要构建"无边界制造",企业需要打造三大能力:

- **数智战略**:通过端到端的顶层设计和可落地的执行路径,用动态化的数据辅以智能技术灵活配置业务资源,为智能工作流奠定基础。

- **平台模式**:基于"打破边界、整合共享"的原则,让企业有效摆脱在多元化和专业化之间的矛盾,从而有效提升企业竞争力。

- **新兴技术**:通过算法和场景驱动人工智能,增强企业的运营绩效和协同效率;运用物联网和边缘计算技术,搭建数字化工厂;在 MES 的基础上搭建工业互联网平台,实现全过程可视、质量全流程可追溯的智能制造;借助区块链促进数据共享与业务协同,降低运营成本。

能力1:数智战略

在如今因为新冠肺炎疫情而引发的"非常态"环境下,生产性企业需要快速地适应和管理疫情对产业造成的冲击,实现平稳有序的业务恢复及发展。其中,缺乏体系化的数智战略和落地规划设计是阻碍企业向无边界发展的一块绊脚石。我们建议，制造企业可以按照下面的思路开展数智战略的制定：

・**战略协同**：数智战略应该与业务战略相一致，从用户体验和用户诉求出发，聚焦对生产经营影响最大的关键数据。

・**顶层规划**：基于业务梳理和愿景解析，形成全覆盖的、立体化的顶层数据视角和智能化能力诊断。

・**循序渐进**：制定路线图，采用快速实现，迭代完善的方式，逐步加强数据管理能力和智能分析能力。

数智战略并非一蹴而就，需要同企业当前的信息化、数字化能力相结合，并制定分阶段演进目标。第一阶段主要是夯实基础，完善基础业务相关的信息化系统建设和数据基础建设，规划未来的建设方向；第二阶段要重点先行，开展重点数字化项目，取得速赢，获取关键利益相关人的认可和支持；第三阶段不断完善拓展，完成数字化平台整体搭建，并拓展数字化创新业务和应用（见图8.1）。

第八章 价值聚焦 技术向善
大数据和创新技术助力无边界制造

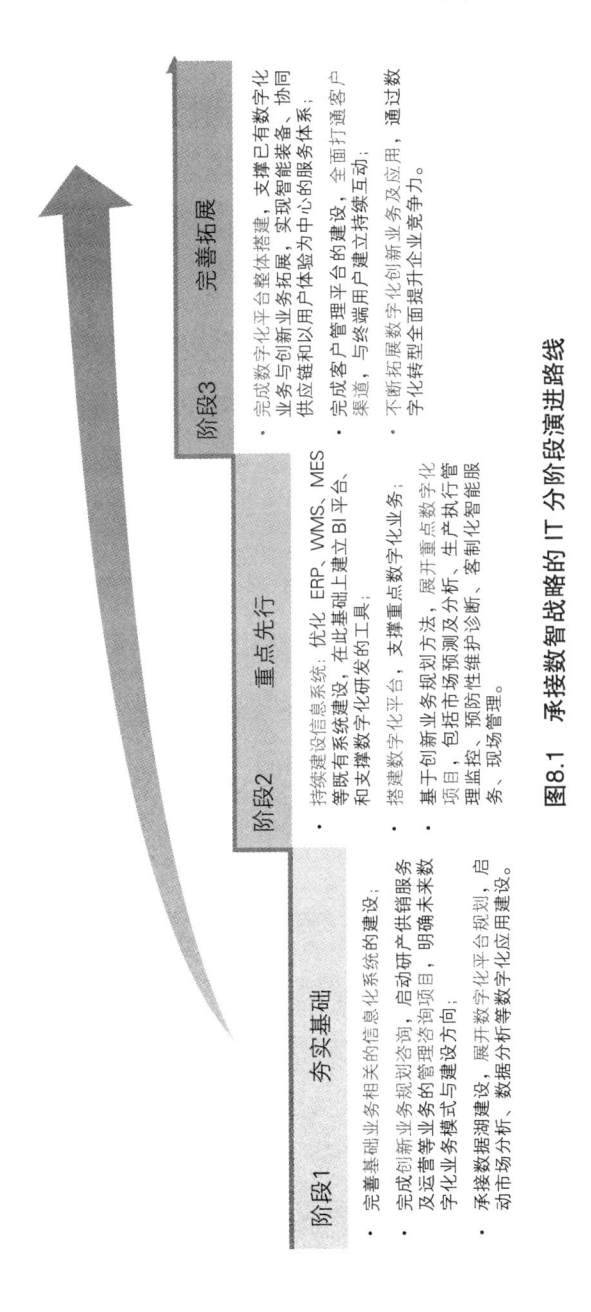

阶段1 夯实基础
- 完善基础业务相关的信息化系统的建设;
- 完成创新业务规划咨询,启动研产供销服务及运营等业务的管理咨询项目,明确未来数字化业务模式与建设方向;
- 承接数据湖建设,展开数字化平台规划,启动市场分析、数据分析等数字化应用建设。

阶段2 重点先行
- 持续建设信息系统:优化 ERP、WMS、MES 等既有系统建设,在此基础上建立 BI 平台和支撑数字化研发的工具;
- 搭建数字化平台,支撑重点数字化业务;
- 基于创新业务规划方法,展开市场预测及分析,生产执行项目,包括市场预测及分析、生产执行管理监控、预防性维护诊断、客制化智能服务、现场管理。

阶段3 完善拓展
- 完成数字化平台整体搭建,支撑已有数字化业务与创新业务拓展,实现智能装备、协同供应链和以用户体验为中心的服务体系;
- 完成客户管理平台的建设,与终端用户建立持续互动渠道,通过数字化展数字化应用,全面打通客户;
- 不断拓展数字化创新业务及应用,启动数字化转型全面提升企业竞争力。

图8.1 承接数智战略的 IT 分阶段演进路线

203

IBM 商业价值报告：
无边界企业

某重型卡车集团：数智化的产供销协同

为承接集团的十四五战略举措，某卡车企业亟须开展端到端拉通的"以终端用户体验为核心"的数字化顶层设计，以指导各项业务，尤其是供应链领域的转型机会，并明确企业数字化平台的建设思路。IBM帮助该企业开展了业务分析与数智化能力诊断，构建了以产供销协同为核心的数智化转型愿景（见图8.2），规划并落地了相应的数字化IT架构。

在端到端拉通的顶层设计指导下，该企业瞄准用户体验，以新技术为支撑，开展了多个变革项目群，包括：个性化高质量的产品研发、高效精确的订单交付、长久互动式的客户关系等，并最终实现了：

·销量增长：以用户体验为核心，实车数据为驱动，将正确的车卖给正确的人；

·敏捷响应：订单实时状态滚动更新，实现端到端的可视管理，打造最佳用户购物体验；

·协作共赢：大数据与人工智能助力复杂条件下的均衡排产，协同共享的集成需求计划推动产业链收入增长；

第八章　价值聚焦　技术向善
大数据和创新技术助力无边界制造

· 质量提升：制造与流通的有机融合，质量标准促进协同优化，提升用户安全感和依赖感。

本质

以市场为导向，要求供应链条上各单位的生产、库存与市场销售直接有效结合，更好地服务于市场

对销售公司的要求

第一手的市场供求
公司各项扶持政策
产品结构调整计划
整车库存及渠道库存
生产计划及物料计划

整车销售

产供销协同

物料供应　　生产装配

对供应商的要求

针对物料采购快速响应提供快速、可靠的交期承诺减少中间环节及库存，节约流动资金

对生产制造的要求

针对市场销售（订单）快速响应提供快速、透明、可靠的交期承诺制定成本效率均衡的生产计划

图 8.2　某重型卡车集团的数智化转型愿景

能力2：平台模式

变革性的挑战正在重塑各行业的价值链，借助"打破边界、整合共享"的平台模式，进行开放、灵活的数据管理，将企业内多种业务价值链所共有的部分进行优化整合，有助于创造具有核心竞争力的产品和服务，深度挖掘企业运营效率，持续增强企业竞争力。

业务平台和数据平台，是近年来企业在迈向无边界企业的优先选择。大数据分析平台在这样的平台战略中应运而生（见图8.3）。大数据分析平台的核心在于深耕洞察横向行业与纵向业务，向前打通业务场景，向后横向拉通运营数据，从而帮助创造和实现业务价值，实现可持续的竞争优势。

通过将数据、工作流、专业技能结合起来，打造关键的差异化优势，并进一步发挥生态系统的扩展潜力。多个这样的平台组成了无边界企业。我们认为，积极打造平台，加强竞争优势，并对核心业务平台确定合适的战略标准是关键所在。采用设计思维、共创和敏捷方法则是加速打造制胜业务平台的必要条件。

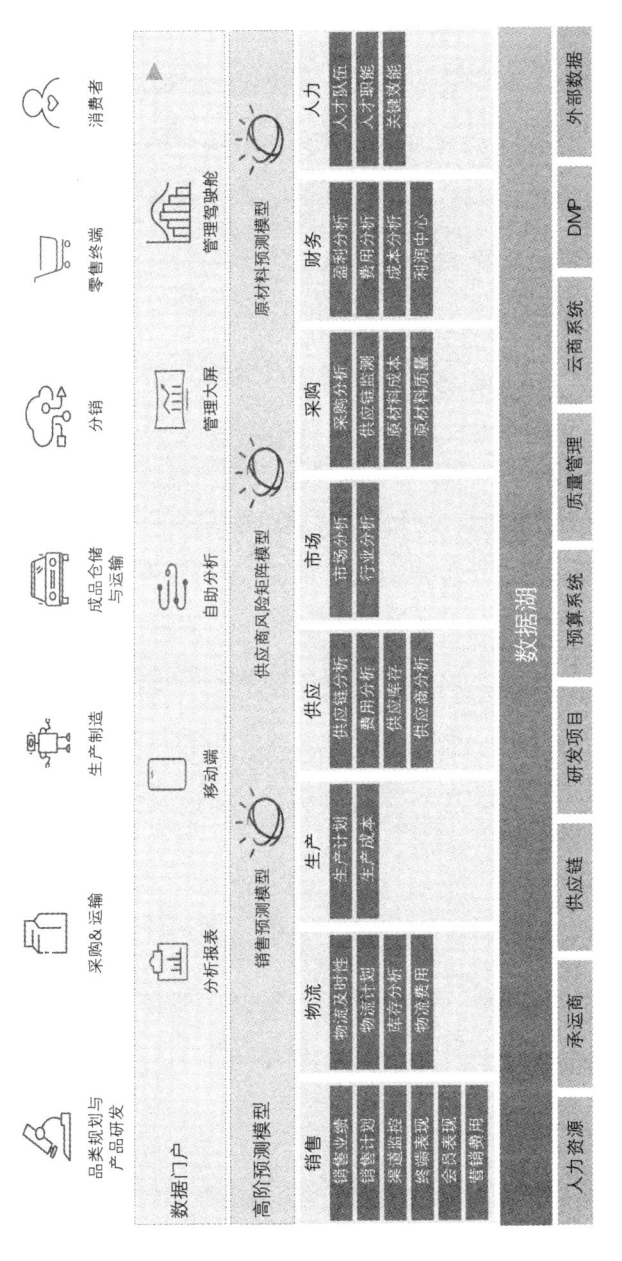

第八章 价值聚焦 技术向善
大数据和创新技术助力无边界制造

图8.3 大数据分析平台

IBM 商业价值报告:
无边界企业

某健康日用品企业:借助供应链控制塔,实现端到端的可视分析和实时响应

某健康日用品企业的中国工厂是该企业全球供应链高效营运的重要一环。在疫情的导火索下,许多关键物料的供应缩紧。为实现100%现货保供,企业需要重新对供应链布局进行考量,并对外界因素提前感知和预警。信息不透明、不及时会对供应链的参与者造成决策滞后及错判。

IBM帮助该企业打造了融合数据平台与智能分析技术的供应链控制塔。该控制塔成为打通供应链各环节中信息交流,实现供应链运营的自动化和智能化的关键。以缺货分析为例,企业原先因跨国运营造成的冗长供应链条涉及了多个组织及职能,导致数据获取难、数据质量差等问题,在供应链控制塔的协助下实现了对关键业务指标的监控、预警与分析,并进一步实现了供应链的快、准、省:

· 快:生产及供应数据通过物联网、自动化等技术实时呈现,并基于BI对数据进行可视化及智能分析,有效拉通产业链上下游,提高生产制造的敏捷性

与柔性；

·准：通过规范业务数据定义、取数及计算逻辑、数据归集和出入口等，能够确保数据计算的准确性和一致性；

·省：协同化、端到端的供应链可视与监控，能够有效降低跨部门、跨业务环节的沟通成本，避免重复作业。

某乘用车企业：动态运营统一分析平台，助力开展行业独特的综合性实时分析

某乘用车企业作为数字化转型的先驱，其庞大的通用报表系统、繁杂的平台、口径不一的指标，让业务运营变得复杂，指标价值的挖掘比较困难，难以支撑管理层决策。

IBM帮助该企业在BI报表基础上，通过聚焦行业特色与通用价值，向跨业务领域综合性实时分析转型。以汽车行业动态运营统一分析平台为例，通过建立客户标签体系，为营销运营提供数据分析服务（见图8.4），包括：

IBM 商业价值报告：
无边界企业

图8.4 某乘用车企业的行业动态运营统一分析平台

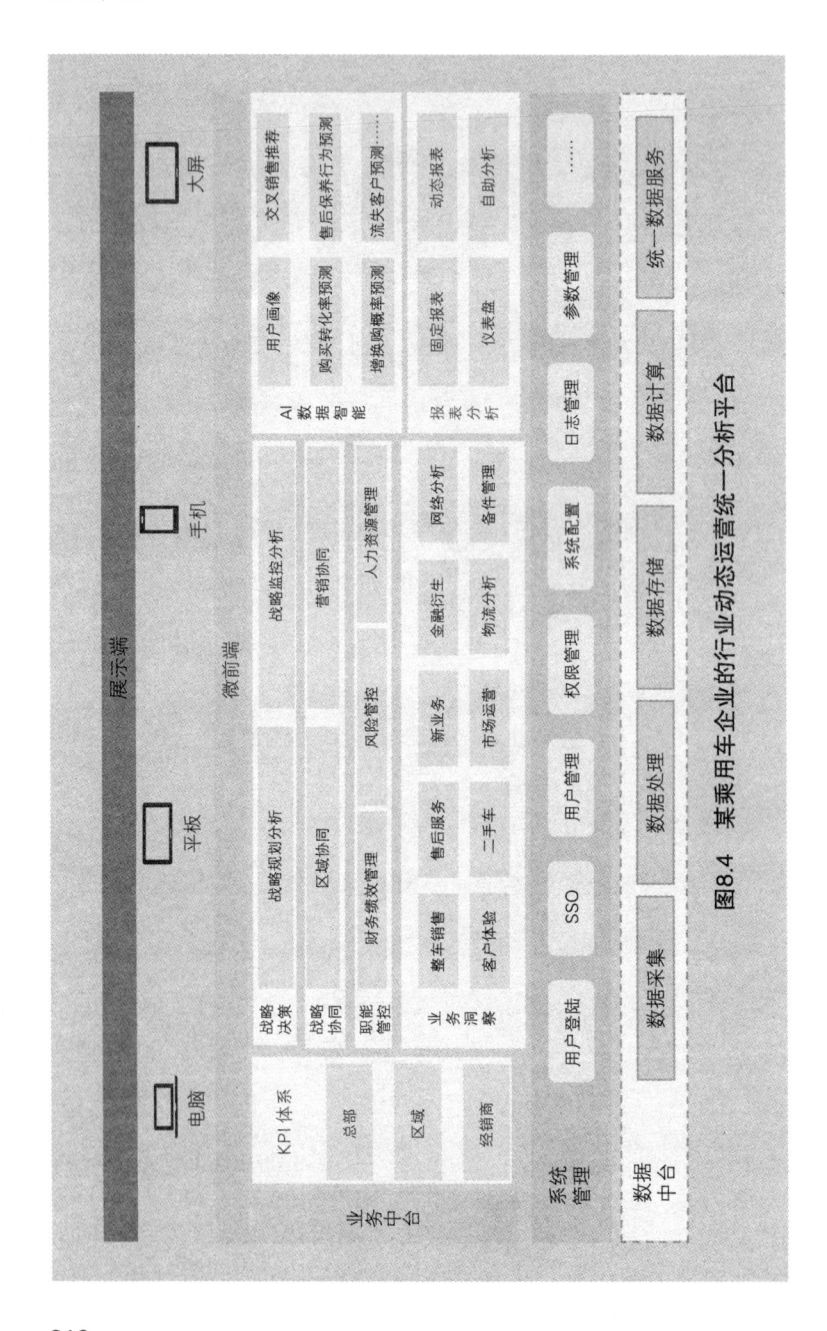

第八章 价值聚焦 技术向善
大数据和创新技术助力无边界制造

· 分析已发生增换购行为的车主数据,预测现有车主进行增换购的概率,输出分级名单,推动经销商进行精准营销落地;

· 挖掘车主历史售后数据,为车主流失倾向评分,输出分级名单,支持经销商进行精准营销,提高客户挽回效率,避免对已有忠诚客户造成不必要的打扰,提升客户体验;

· 分析车主历史延保销售数据与售后数据,形成更易购买延保的客户群体名单,推动经销商端的延保销售,提高客户对售后服务的黏性。

能力3:新兴技术

数字技术的不断进步推动了企业业务和运营模式的发展,越来越多的企业正在利用技术颠覆现有市场或进军全新市场。而新冠肺炎疫情的袭来则为经济的数字化进程按下了加速键。我们发现,广泛运用新兴数字技术的企业韧性更大,在近年来层出不穷的黑天鹅事件中抗压能力也更为出色。

作为企业迈向无边界价值的催化剂,我们建议制造企业可以着重关注和探索以下四项新兴技术：

· 人工智能：人工智能技术作为数字化的核心和大脑，借助于算法的巨大潜力，可应用于增强自动化决策、重塑商业模式和生态系统等能力。这对制造企业尤其意义重大，将人工智能与供应链分析相结合能够有效提升需求预测的准确性、优化物流效率、实现产品质量的全生命周期管理和追溯。

· 物联网和边缘计算：边缘计算使计算、数据存储和处理能力更接近操作点或事件点，从而大大缩短响应时间，节省带宽。这种变革性能力与物联网、人工智能结合，就能够从互连设备和系统中更为迅速地获得洞察，帮助组织提高运营响应能力，降低运营成本。

· 工业互联网平台：资产变得越来越智能、越来越互联互通，一线现场人员需要如何才能跟上发展的步伐？生产过程中遇到的质量问题，如何能高效精确的与专家连线执行干预，帮助一线现场人员更迅速、更有效地诊断和解决问题？在制造和仓库等领域的运营中，MES能够有效帮助企业利用数据和分析实时发现问题、改进决策。但要获得真正的收益，仅仅对硬件和重资产上的投资是远远不够的，还需要对软件、产品创新以及同用户（包括员工和消

第八章 价值聚焦 技术向善
大数据和创新技术助力无边界制造

费者)层的连接上进行投入,打造工业互联网平台。

· **区块链**：近期,随着基于区块链技术的 Web3、元宇宙等概念的兴起,企业在数字化技术能力方面进一步拓展。例如:基于工业互联网的数字孪生和工业元宇宙的创新发展;构建可信的行业数据要素共享和产业内主体间的分布式协同机制;借助数字资产进行企业商业模式创新和产品价值衍生。技术驱动下的物理世界在推动企业和行业数字化进程的同时,也在推动数字世界本身的发展。数字世界与物理世界的交互,以及数字世界的要素流通,将会成为企业和行业新的重要议题,也是无边界企业建设过程中必然要直面的议题。

某光电制造企业:
利用 AI 深度学习与图像分析,提高质检准确率

某光电制造企业投入了大量人力对液晶面板的生产过程进行检验。检测人员通过对 AOI 设备拍摄下的面板缺陷进行人工判定,来决定正常、返修或返工。由于缺陷类别超过 100 种,检测人员的工作量巨大,导致检测人员流失率极高,且容易出现人为错误。

在自动化视觉监测系统的帮助下,IBM 助力该企

业基于深度学习卷积神经网络和图像分析技术建立了视觉监测分析模型,能够进行智能产品缺陷检测和分类,就生产环境中的新数据和新发现对基础模型持续进行效果优化,有效实现:

- 在线对100+种缺陷进行自动识别;
- 单张图片缺陷判定在0.5s甚至更短时间内完成;
- 达到75%的人工替代率;
- 机器质检准确率达到85%以上,部分已达95%;
- 提高了缺陷判断的稳定性。

某商用车企业:
边缘计算技术,成就云+端的产品设计与服务

通过创新地运用传感器、边缘计算、通信技术及软件能力,某商用车企业与IBM合作,打造了完整的从场景出发的物联网解决方案。以智能座舱为例,基于车机端的出行、娱乐、生活等场景引擎,结合车联网平台的底层能力和车身硬件,能够为用户提供极致的空间交互体验和跨生态的智能服务,同时有效分散云端计算压力(见图8.5)。

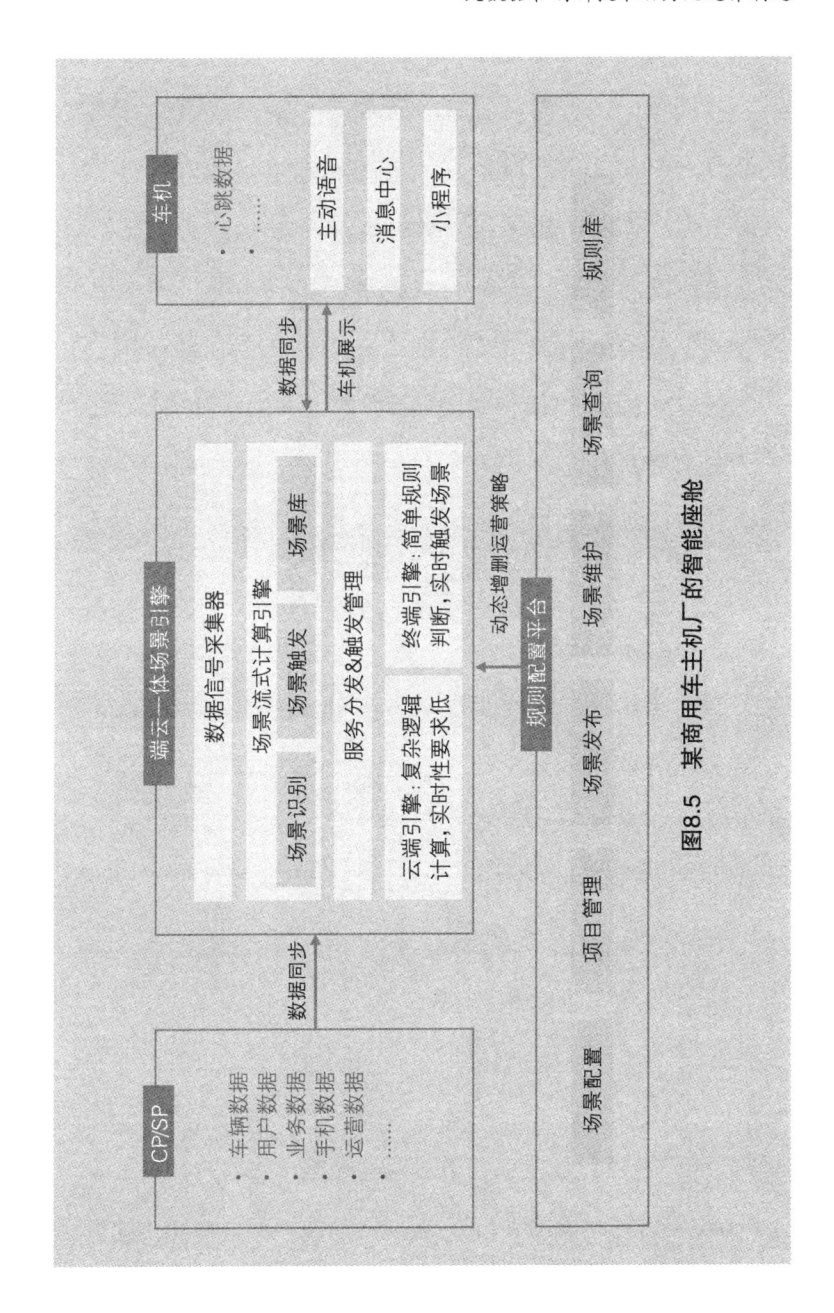

第八章 价值聚焦 技术向善
大数据和创新技术助力无边界制造

图8.5 某商用车主机厂的智能座舱

此外，该企业还打造了透明车间。通过摄像头与无线射频技术实现维修车间的车辆精准定位，提升车间工作效率，赋能车间工作精细化管理，提高售后服务透明度。通过摄像头捕捉车牌，自动入场，与后台管理系统实时联动，贯通后续服务流程，同时为用户提供实时的车辆维修进度监控，提升售后服务体验。通过采集与计算技术人员梳理、地点、停留时间等关键指标，形成车间热力图，实时反馈并分析车间资源利用情况，优化车间管理运营。

借助车联网，构建互联生态圈和生态平台

在智能出行领域，车联网智慧出行平台已是众多车企迈向无边界企业的重要途径。通过围绕消费者出行重塑生态圈，联合音乐、美食等内容提供商，围绕消费者提供综合出行的服务价值，延伸消费场景（见图 8.6），并构建了与此相关的生态策略与生态技术接入平台，保证了体验的无缝性。

从消费者体验出发，车联网应用包括"语音点外卖"：解放司机双手，实现外卖自由；"直播互动"：让直播中的主播，收到我赠送的车机端专属鲜花；"路

第八章 价值聚焦 技术向善
大数据和创新技术助力无边界制造

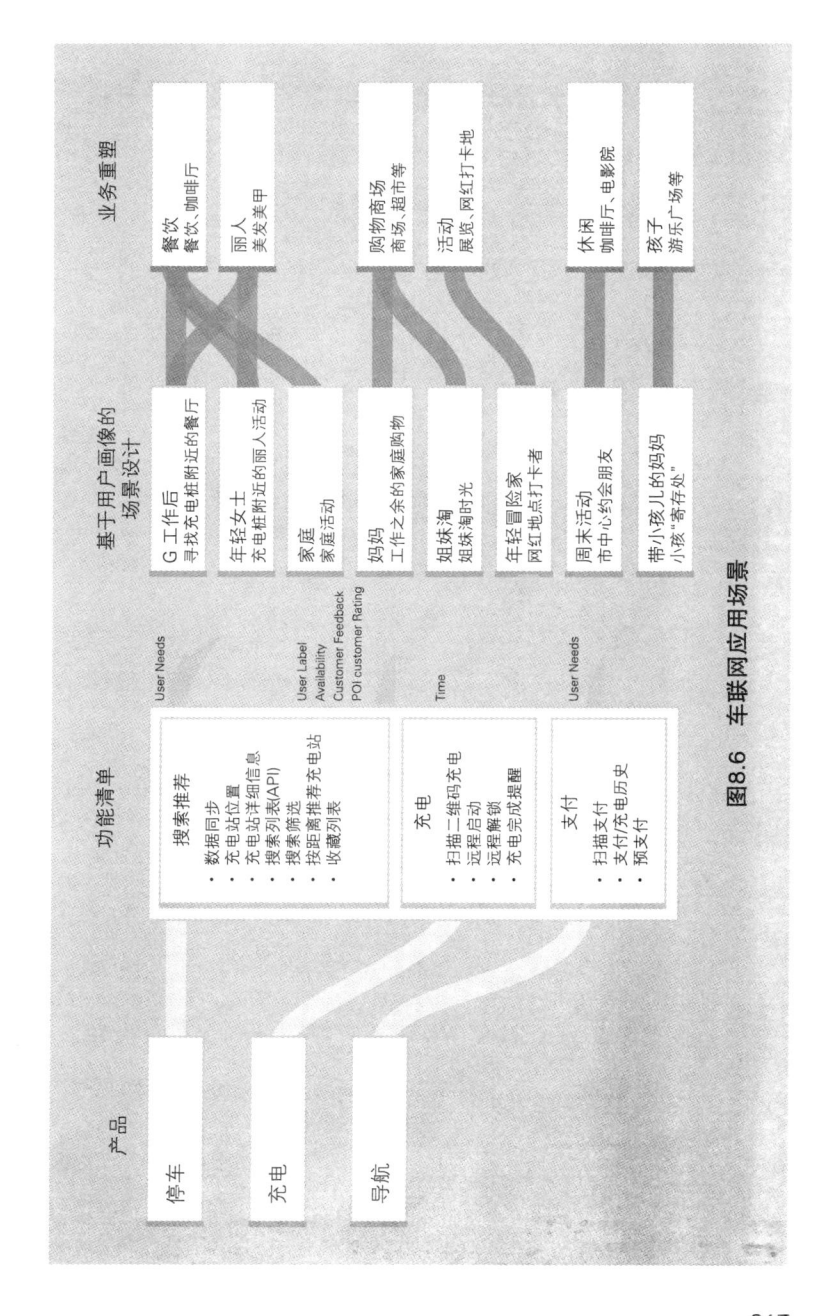

图8.6 车联网应用场景

书"：与自驾场景紧密结合，推荐景点门票及短期旅途险等。

通过搭建生态评价及管理体系，从产品设计研发阶段即引入供应商，实现生态创新的同时，用更短的开发周期和更低的开发成本，不断优化车企生态资源，打造生态专属运营窗口，赋能车企生态运营能力。

某光纤线缆企业：

智能制造，从订单到机台的全过程追踪

近年来，随着设备传感物联技术成熟和 AI 应用的普及，新一代的技术正在重塑传统的资产密集型行业。某光纤线缆企业作为 5G 信息传播的媒介和制造业中流砥柱，在深化产业布局时希望借助工业互联网实现生产运营的革新。

通过以 Rami4.0 架构为依据，结合智能制造最佳实践，通过智能化手段解决研发、生产与经营管理中的业务瓶颈，提升企业效率和应变能力。在工业互联网平台的基础上，IBM 帮助该企业搭建了生产驾驶舱、采购驾驶舱、可视化监造、智能运营分析等数字化云原生应用场景，实现从订单到机台的全过程跟踪与质量追溯（见图 8.7）。

第八章 价值聚焦 技术向善
大数据和创新技术助力无边界制造

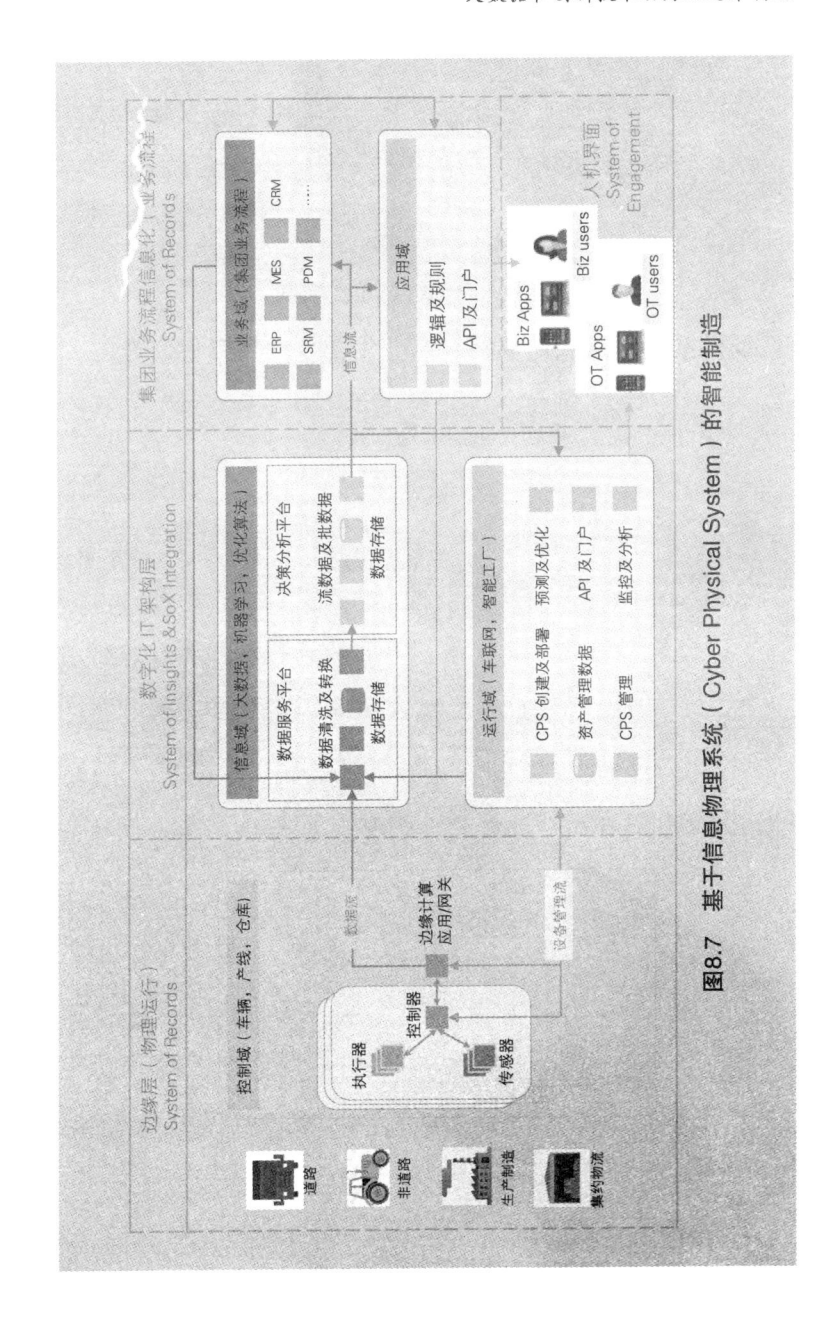

图8.7 基于信息物理系统（Cyber Physical System）的智能制造

219

在工业互联网平台的帮助下，用户得以实时掌握订单进度和现场机台工况异常，该企业的质量跟踪与追溯处理响应周期压缩了50%。

某电信公司：
利用区块链溯源能力提升企业内部资产管理协同效率

某电信公司IT资产规模大，资产管理过程中出现资产数量多，流程复杂和涉及的内部部门和外部供应商繁多等挑战。IBM帮助该企业开展了基于区块链的企业资产管理流程梳理，同时以公司采购为起点，基于区块链设置资产生命周期唯一识别码上物资身份信息，链上追溯跟踪设备全生命周期，建立闭环管理体系（见图8.8）。

该电信公司通过资产生命周期唯一识别码，区块链上体现资产流通各环节信息，打通了资产管理全流程。构建了跨部门的可信机制，各部门将区块链作为资产确权和流转依据进行协同。区块链的技术可扩展性推动了企业在资产管理业务上的电子化进程，链上数据透明性的特点提升了资产可视化管理水平。

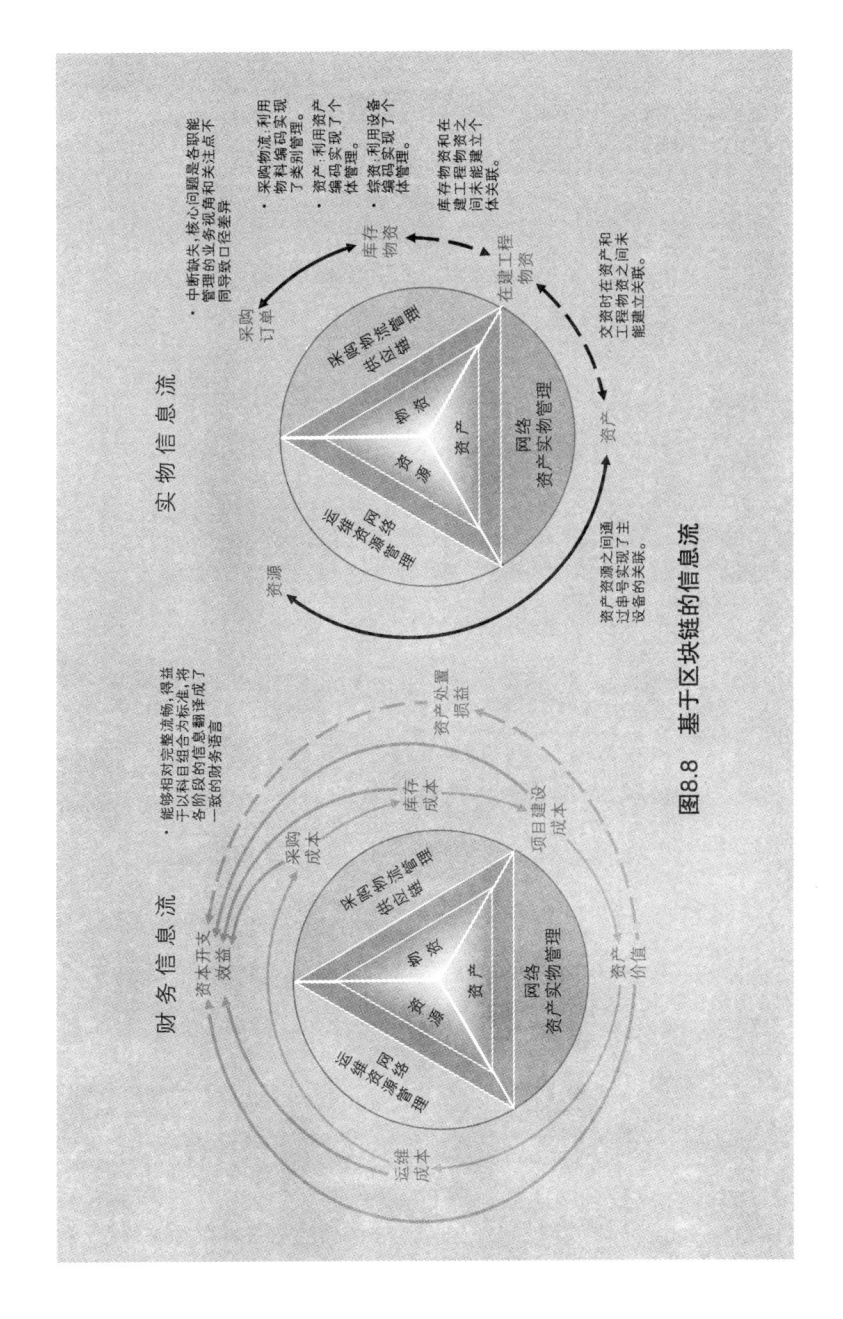

第八章 价值聚焦 技术向善
大数据和创新技术助力无边界制造

图8.8 基于区块链的信息流

某外贸供应链服务公司：
利用区块链搭建外贸供应链智能平台

某外贸供应链服务公司前期建立了外贸供应链平台，为中小型外贸企业和国际采购商提供垫付货款、出口、货运、银行信保等进出口综合服务。然而随着公司发展，平台在业务支撑上出现了以下局限性：仅支持一级供应商直接垫付，资金方对次级供应商信任度低，造成次级供应商融资难、融资贵，影响到了外贸产业链转型和发展。

IBM通过区块链技术帮助公司完成新外贸供应链智能平台的搭建（见图8.9），实现资金方与远端企业信用的高效数字化传递，将外贸产业链上的多层级上游供应商纳入垫付货款服务的范畴。实现了：

· 供应链二级、三级乃至N级供应商信用基于区块链的灵活可信拆转融；

· 有效降低中小融资成本，较传统商贷利率减少20%—50%；

· 覆盖下单、生产备货、进出口完成、垫付货款服务等外贸供应链各环节的闭环节闭环链路；

· 整体性提升了外贸供应链的稳定性。

第八章 价值聚焦 技术向善
大数据和创新技术助力无边界制造

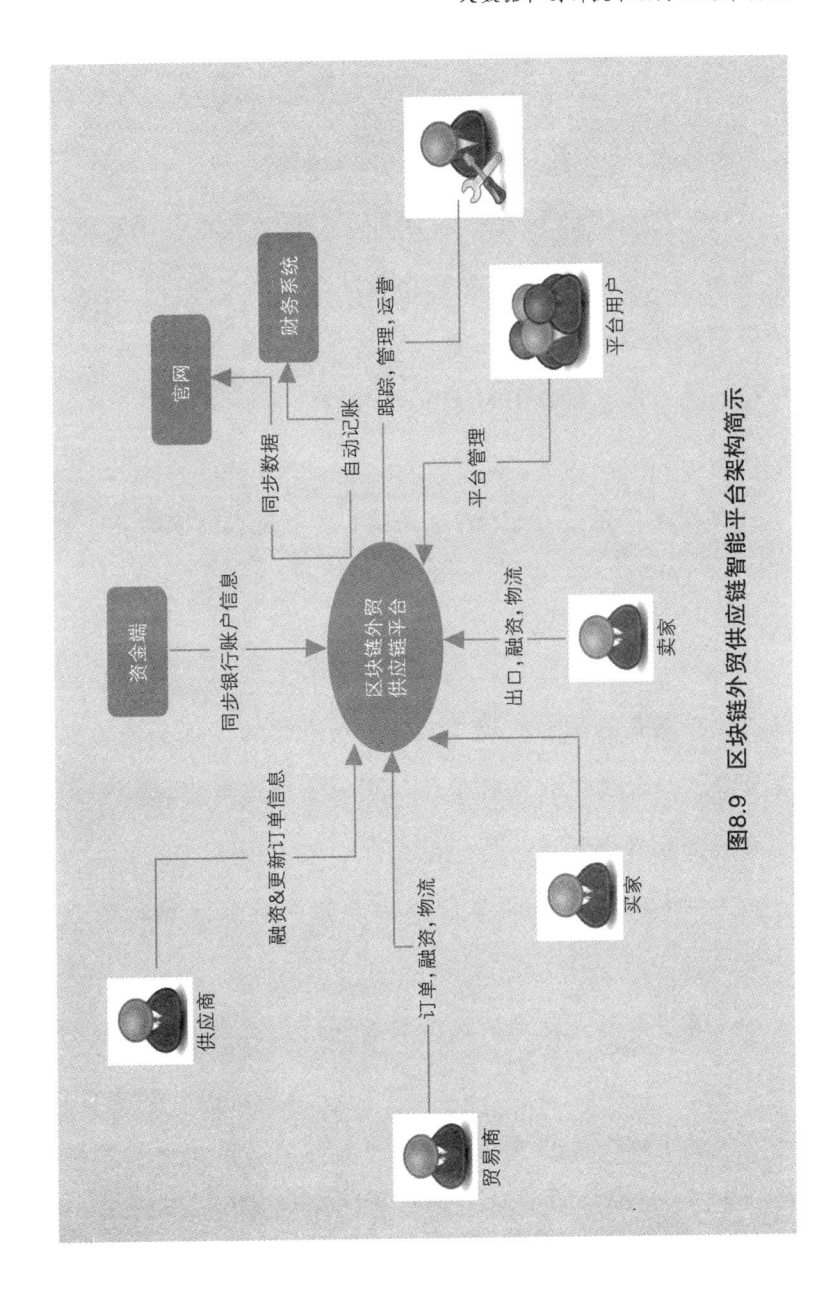

图8.9 区块链外贸供应链智能平台架构简示

IBM 商业价值报告：
无边界企业

行动指南

疫情对中国的制造业影响深远，企业需要在"危险"中寻求"生机"，审时度势，把握住产业结构调整的机会。为了帮助制造企业更好地利用数据和新兴技术的力量实现价值的无边界，结合IBM的实践经验，我们提出了7条行动指南，供企业参考。

要构建"无边界制造"，企业需要打造三大能力：

· 将业务数据化与模式创新相结合的数智战略，为智能化工作流与运营模式的创新奠定基础

· 借助数据平台的连接，运用动态化的数据来灵活配置资源，让数据充分发挥价值的同时，通过数据治理形成全面的企业数据资产

· 纵向深耕业务的智能平台与横向行业洞察的深度分析

· 算法和场景驱动的人工智能，放大商业价值与专业价值

· 运用边缘计算技术，打造完整的从场景出发的物联网解决方案，在无边界企业的发展浪潮中快人一步

第八章 价值聚焦 技术向善
大数据和创新技术助力无边界制造

・搭建工业互联网平台,实现全过程可视、质量全流程可追溯的智能制造

・以实体经济应用需求为牵引,借助区块链促进数据共享,优化业务流程,降低运营成本,提升协同效率

进入后疫情时代,出于安全、政策和种种市场变化的考量,商业世界正在重塑。一些缺乏前瞻性洞察或经验的企业不得不停下加速发展的步伐,而无边界企业则利用数字化能力继续打造非接触式业务与服务,并通过构建能够实现成本优化的整体IT架构,以保证业务连续性的IT弹性与应变力。

为帮助企业适应不确定和纷繁变化的环境,IBM大数据与创新技术团队从丰富的项目经验与案例中总结出了一套行之有效的陪伴式创新服务方法论,从体验、商业模式、数字化营销、商业洞察、数字供应链、生态体系、团队建立、技术应用等方面帮助企业进行多项提升,帮助企业建立全新的成本和效率基准,在短期内更好地应对激增的不确定,管理"新常态"下的业务,在中长期厚积薄发,成就无边界企业的宏伟愿景。

第九章

大业无疆　汽车无界
建立无边界汽车企业应对行业颠覆及趋势

> **作者介绍**
>
> 何志强（Andy He），IBM Consulting 中国区汽车与装备制造行业总经理、合伙人。
> 电子邮箱 hezhiq@cn.ibm.com。
>
> 石延霞，IBM 商业价值研究院高级咨询经理。
> 电子邮箱 shiyx@cn.ibm.com。
>
> 李嘉璠，IBM Consulting 中国区汽车行业副合伙人。
> 电子邮箱 lijiafan@cn.ibm.com。

报告要点

汽车行业的颠覆及趋势

汽车行业的三大颠覆因素——消费者、出行、生态系统正在加速延伸汽车行业的边界。2021年，中国汽车行业的七个新热点正在影响着行业的未来发展趋势。这些颠覆因素和热点趋势对中国车企既提出了前所未有的挑战，也创造了百年未有的机遇。

建立无边界汽车企业

站在后疫情的虚拟世界和加速的数字世界的交汇处，在全球汽车产业进入发展新格局的进程中，IBM 提出"无边界汽车企业"将会成为新一代汽车企业的发展形态,引领汽车行业无限延展,创造开放的生态系统,从容应对汽车行业的颠覆和趋势。

IBM 车库方法™构建无边界车企

车企要构建无边界企业,需要从旧模式变革到新模式,并探索适合自身的业务模式。IBM 首创的"车库方法TM"可以帮助车企做到"大而不散、快而不乱、变而有序",和车企共创、共建、共赢,快速迭代,实现数字化体验落地和转型成果达成。

第一部分
汽车行业的颠覆因素及热点趋势

汽车行业的三大颠覆因素

7 年前(2015 年),IBM 商业价值研究院(以下简称 IBV)在《汽车行业 2025 展望》中指出:除了技术力量之外,有 3 个来自汽车行业本身的颠覆因素正在改变着传统的汽车行业边界。7 年后的今天(2022 年),我们看到这 3

个颠覆因素不仅在持续地产生着影响，而且以更快速、更深度的方式不断延伸着汽车行业的边界：

颠覆因素 1：消费者

消费者以两种方式颠覆着汽车行业的客户关系：

第一，消费者期望。

根据 IBV 调研，自认为数字成熟度较高的中国消费者对车辆和移动服务领域的自动化、个性化创新抱有更大的期望。他们希望车企能够快速满足对于智能驾驶舱的数字化需求，从音乐、美食到导航、停车等无所不包，使出行更高效、更安全、更美好。

第二，消费者关系。

如今的由知识武装起来的汽车消费者拥有前所未有的掌控权。他们与车企之间的关系正在从之前的"单向"关系转变为"共创"关系。根据 IBV 调研，32%—54%的受访中国消费者表示，他们非常愿意参与共同创造活动，包括：投票支持新想法、参与设计新产品的游戏和比赛、通过在线论坛与车友互动、允许使用驾驶和移动出行数据作为设计输入源等（图9.1）。[①]

[①]《人车关系新发展——中国观点》，IBM 商业价值研究院。2016年11月，https://www.ibm.com/downloads/cas/YDG3NP1B。

第九章 大业无疆 汽车无界
建立无边界汽车企业应对行业颠覆及趋势

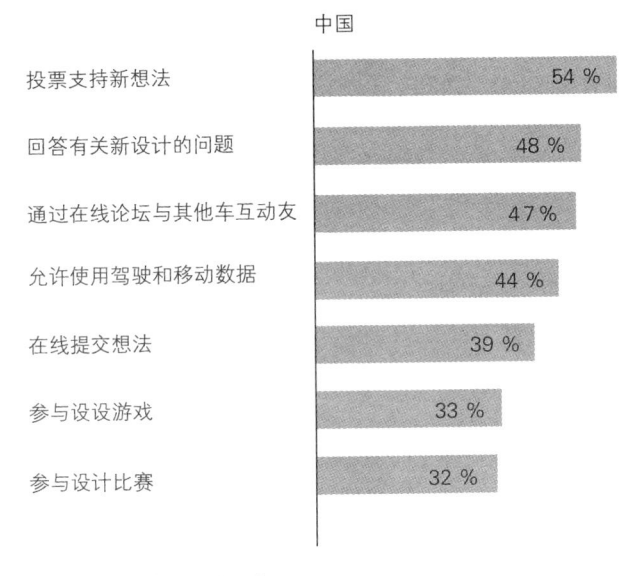

中国

项目	百分比
投票支持新想法	54 %
回答有关新设计的问题	48 %
通过在线论坛与其他车互动友	47 %
允许使用驾驶和移动数据	44 %
在线提交想法	39 %
参与设设游戏	33 %
参与设计比赛	32 %

来源：IBM 商业价值研究院。

图 9.1 消费者与车企的共创

颠覆因素 2：出行

出行同样以两种方式颠覆着汽车行业的产品和服务：

第一，出行的载体——汽车

汽车作为出行的产品，将越来越智能、直观、自主，能够针对驾驶员和乘客的个性化习惯实现六大自主功能：自我修复、自主社交、自我学习、自动驾驶、自我配置、自我整合，远远超越载人出行的主要功能。

第二，出行的目的——体验

随着汽车越来越智能化，消费者逐渐成为出行的主体，消费者的出行方式发生了很大的变化：

一方面，传统的购买车辆所有权的"拥有汽车"的模式呈下行趋势。消费者更多地采用"使用汽车"的模式。根据IBV调研，48%的中国受访者认为汽车共享是一个非常重要的选项，45%的受访者喜欢随需应变的拼车模式，而45%的受访者则表示对租车十分感兴趣，认为这是一种可行的选择。[①]

另一方面，消费者之前在出行过程中，主要关注汽车作为产品方面的要素，如操控性、安全性、噪声、油耗等各项性能。现在则更多关注汽车能够提供的各种数字服务和体验，包括功能随需应变、停车服务、充电服务、与公交和基础设施结合的出行、道路通行费支付、终身服务等。消费者更希望汽车是一个贴心的服务者，能够根据他们的个人偏好和生活方式，提供一段美好的出行体验。这些都为新的出行产品和服务开创了巨大的机遇。在IBV的"2030年汽车行业展望"调研中，行业高管表示，汽车OEM出行服务和其他服务收入目前平均占总收入的16%，预计到2030年会增长至22%。[②]

---

① 《人车关系新发展——中国观点》，IBM商业价值研究院。2016年11月，https://www.ibm.com/downloads/cas/YDG3NP1B.

② 《2030年汽车行业展望——中国洞察》，IBM商业价值研究院，2020年7月，https://www.ibm.com/downloads/cas/13RJAGQE.

第九章 大业无疆 汽车无界
建立无边界汽车企业应对行业颠覆及趋势

颠覆因素3：生态系统

基于以上消费者期望和关系、出行载体和目的发生的巨大变化，以及区块链、混合云技术的发展，汽车企业不断在三个层面突破自身边界，打造全新的产业生态系统，颠覆着汽车行业的增长方式、运营效率和创新（图9.2）：

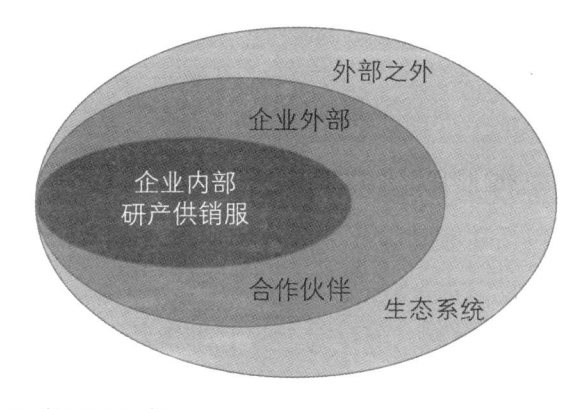

来源：IBM商业价值研究院。

图9.2 汽车企业生态系统

层面一：在企业内部层面，车企打破职能部门孤岛，采用协作性更强、敏捷性更高的工作流程，端到端地连接研、产、供、销、服业务；

层面二：在企业外部层面，车企不仅与传统的各层级经销商建立合作关系，还与各类零部件供应商、服务供应商甚至竞争对手之间的界限日益模糊，建立合作关系，制

定增长计划,实现企业的核心目标;

层面三:在企业外部之外层面,车企参与和建设更深入的生态系统,通过与跨行业的服务商进行合作共创,既让在整个汽车客户生命周期中提供服务的众多企业共享商机,探索新的共同增长路径,发挥真正的平台经济效益;又为消费者提供创新的出行产品和服务,以及美好的出行体验。根据IBV调研,疫情期间,最关注生态系统合作的领先者的收入增长是其他企业的5倍。[①]

中国汽车行业的七大热点

除了以上来自汽车行业本身的颠覆力量之外,我们也看到,2021年中国汽车行业有七个新热点正在影响着这个行业的未来发展趋势:

热点1:汽车产销从新冠肺炎疫情影响中回归正增长

2021年,中国汽车行业尽管经历了疫情散点式暴发、"缺芯"导致全球范围大减产、"大宗涨价"导致盈利严重受损的多重冲击,但是,中国宏观经济的长期向好、巨大的汽车市场潜力、旺盛的新能源汽车市场需求,并叠加汽

---

① 《无边界企业——开创性业务平台与生态系统的威力》,IBM商业价值研究院,2021年10月,https://www.ibm.com/downloads/cas/B85PWAWZ.

第九章 大业无疆 汽车无界
建立无边界汽车企业应对行业颠覆及趋势

车消费政策刺激，都助力中国乘用车产销结束了2018年以来的"三连降"，2021年产量达2140万辆，同比增长7.1%；销量达2148万辆，同比增长6.5%。[①]

热点2：2021年"缺芯"事件引起供应链安全成为热点

供应链会成为车企，尤其是新能源汽车未来发展的重要竞争力。供应链除了受车企自身战略影响，还会受到全球化因素影响，如疫情、技术竞争、海运等。2020年底以来，全球芯片供应持续紧张，平均交付周期由2020年11月的13周延长至2021年11月的22.3周。2021年中国因"缺芯"减产约200万辆。[②]因此，车企如何运用数字化技术，如AI赋能的供应链控制塔、区块链、云计算等，确保中国汽车供应链全程透明、安全可控，已经上升到国家安全战略高度。

热点3：汽车行业双碳战略转型加速，2021年新能源汽车市场进入爆发式增长新阶段

中国的"双碳战略"对交通运输和汽车产业的发展带

[①] 《2021年中国乘用车行业运行情况总结及2022年行业走势预测》，中国情报网，2022年1月，https://baijiahao.baidu.com/s?id=1721828964404623193&wfr=spider&for=pc.

[②] 《汽车行业2022年展望：站在格局重塑的起点上》，未来智库，2021年12月，https://baijiahao.baidu.com/s?id=1720356019991142260&wfr=spider&for=pc.

来了巨大挑战。交通运输业在国内属于第三大排放源行业。其中道路运输又占整个交通运输业中的84%的碳排放。因此，汽车行业在中国实现"双碳目标"中占有关键的地位。汽车业未来竞争将是车企低碳制造、低碳产品、低碳商业模式的全方位绿色竞争。

而积极发展新能源汽车和对汽车全生命周期进行环保创新的产业升级，则是行业推动低碳发展的重要途径。新能源车企恰逢其时，并受市场需求强劲、技术进步等因素驱动，在中国这个全球最大汽车市场中，实现了远超预期的爆发式"井喷"发展。2021年1月至11月，累计产量已超300万辆，销量接近300万辆。据预测，2022年，中国电动汽车的年销量或突破500万辆。① 汽车业新能源化的趋势已不可逆转，新能源汽车已成为推动我国汽车产业高质量发展的战略力量。

热点4：数据安全法规促进汽车行业信息安全的重要性

2021年国家密集出台的一系列数据安全法规，包括8月发布的《汽车数据安全管理若干规定（试行）》、9月发

---

① 《汽车业绿色竞争全方位展开》，《经济参考报》，2022年1月，http://www.jjckb.cn/2022-01/14/c_1310423226.htm。

第九章 大业无疆 汽车无界
建立无边界汽车企业应对行业颠覆及趋势

布的《关于加强车联网网络安全和数据安全工作的通知》，对汽车行业的信息安全提出了非常高的要求。尽管消费者需要最新的汽车技术，但是他们也希望这些技术不仅要确保行车安全，更要确保数据安全，否则汽车的安全是不完整的。根据一项调研，56%的受访消费者表示，安全和隐私将是他们未来做出车辆购买决策时的关键考虑因素。49%的受访消费者希望未来10年内汽车可以成为物联网（IoT）中安全的集成设备。[1]

因此，随着汽车不断朝着"轮子上的数据中心"发展，急需一种多学科的方法，涵盖传统和非传统的参与者，应对网络安全和数据隐私方面的挑战。

热点5：中国汽车自主品牌整体向上，汽车"出海"推进全球化发展

我国政府历来重视汽车产业的发展，"十四五"时期是汽车强国建设的关键五年，"打造有世界竞争力的中国汽车品牌"是强国战略的重要支撑，"一定要把民族汽车品牌搞上去"是汽车行业的历史重任。在政策支持下，汽车行业深度国产化，核心竞争力持续提升。2021年虽然受疫情、

---

[1]《加速车辆信息安全——赢得车辆完整性和数据隐私性竞争》IBM商业价值研究院，2017年1月，https://www.ibm.com/downloads/cas/OYLA76JR。

缺芯、大宗涨价影响，但中国自主品牌逆势增长，市场份额由2016年的43.2%提升至2021年的44.4%，进一步挤压德系、日系乘用车市场份额。[1] 自主品牌的的增长速度也超过了合资/外资品牌。

另外，我国汽车企业国际竞争力持续提升，品牌国际影响力不断增强。很多车企"出海"步伐不断加快，利用自身性价比优势抢占了南美、俄罗斯、非洲等市场份额。尤其是中国新能源乘用车优势明显，出口带动作用明显，加速向全球渗透。据统计，中国汽车2021年出口量创新高，1—11月达179.3万辆，同比增长110.8%。[2] 过去的130余年，见证了世界汽车工业中心在欧洲、美国、日本之间的转移及其汽车产业的崛起。随着汽车产业电动化、智能化变革的不断深入，以及中国经济基础、市场规模的不断增长，世界汽车工业中心向中国转移的条件已基本具备，中国汽车产业将迎来全球化发展的黄金期。

---

[1] 《2021年中国乘用车行业运行情况总结及2022年行业走势预测》，中国情报网，2022年1月，https://baijiahao.baidu.com/s?id=1721828964404623193&wfr=spider&for=pc.

[2] 《2021年中国乘用车行业运行情况总结及2022年行业走势预测》，中国情报网，2022年1月，https://baijiahao.baidu.com/s?id=1721828964404623193&wfr=spider&for=pc.

第九章　大业无疆　汽车无界
建立无边界汽车企业应对行业颠覆及趋势

热点6：科技公司跨界融合，促进汽车产业变革

智能电动汽车时代，造车核心技术可以绕过发动机等三大件的传统技术壁垒，转换为动力电池和智能驾驶软硬件能力，降低了制造汽车的门槛。而中国汽车自主品牌在供应链资源上具有较大优势。以动力电池产业链为例，除了在上游矿产领域由于资源禀赋限制份额较低以外，我国在中下游的冶炼、正负极材料、电解液、隔膜、动力电池领域均拥有压倒性优势。

另外，在智能驾驶领域，从感知层的传感器、高精地图，到决策层的芯片和算法，到执行层的底盘控制和智能座舱，中国科技公司具备全产业链的强大优势。因此，小米、华为等科技巨头纷纷凭借自身优势进入汽车赛道，不仅将整体带动中国汽车产业的零部件供应商的技术能力，更会深远地改变汽车产业格局。

热点7：外资企业投资合资约束比例到期，兼并重组开创产业新格局

1994年，我国发布的《汽车产业政策》设置了"外资企业持股比例50%的上限"。而从2018年开始，中国汽车行业对外资逐渐实现全面开放。2022年1月1日起，取消乘用车的外资股比限制，同时取消合资企业不超过两家的限制。① 中国汽车行业对外资实现全面开放，叠加相关汽车产业政策等，形成了一个完全开放、自由竞争的格局。而竞争日趋充分的格局将加快汽车市场的优胜劣汰，部分缺乏核心研发和制造竞争力的车企的生存空间将越来越小，兼并重组成为其出路之一。据不完全统计，2021年上半年，汽车行业共有67家公司公告完成85起并购事件，完成并购的公司数量占上半年整个汽车行业Ａ股上市公司总数的比例为32.37%。②

而另一方面，中国在由汽车大国向汽车强国的转变过程中，大企业的强强联合也已进入议程。一汽、东风、长安三大汽车央企领导者早在2015年的换岗，即拉开了中国汽车央企协同合作的序幕。之后在2019年三大汽车央企共同成立"T3出行"，着力发展共享出行业务，并开始向汽车研发、生产，特别是新能源汽车领域进军，即代表着协同合作的实质落地。除了三大央企外，地方国有车企之间

---

① 《汽车行业外资股比限制全面放开影响几何?》，荆楚网，2022年1月，http://news.cnhubei.com/content/2022-01/08/content_14391916.html.

② 《2021汽车关键词（七）：兼并重组》，《每日经济新闻》，2021年12月，https://baijiahao.baidu.com/s?id=1719843167850345277&wfr=spider&for=pc.

第九章　大业无疆　汽车无界
建立无边界汽车企业应对行业颠覆及趋势

的合作同样在不断深化。[①]我国汽车工业已全面进入高质量发展新阶段，高质量的兼并重组顺应大势，有利于推动汽车企业做大做强，构建汽车产业发展新格局。

第二部分　建立无边界汽车企业，应对行业颠覆及趋势

以上三大颠覆因素和七大热点趋势对中国车企既提出了前所未有的挑战，也创造了百年未有的机遇。站在后疫情的虚拟世界和加速的数字世界的交汇处，在全球汽车产业进入发展新格局的进程中，IBM再次深远地思考未来汽车企业的发展形态，提出"无边界汽车企业"将会加速成为新一代的组织和运营模式，引领汽车行业无限延展。

IBM认为"无边界汽车企业"将是一个开放的生态系统。在这个生态系统中，汽车企业将由"延展的智能化工作流"这条无边界的"金链"将汽车行业的OEM、经销

---

① 《加码"国家队"，一汽、东风、长安成立科技合资公司》，观察者网，2020年6月，https://baijiahao.baidu.com/s?id=1668547248265334862&wfr=spider&for=pc。

商、行业内外各类供应商、消费者、驾驶人员、车辆、竞争对手等生态系统参与者紧密贯穿起来，共同为客户创造全渠道、全触点、无缝隙的极致出行体验，将企业的发展潜力提升至全新水平，从容应对汽车行业的颠覆因素和发展趋势。

具体来说，无边界汽车企业由六大要素构成（图9.3），分别是：

1 开放的平台战略和生态系统
2 加速的技术创新和数据洞察
3 敏捷的智能流程和客户体验
4 持续的绿色发展和运营模式
5 包容的人技融合和技能重塑
6 安全的混合多云和网络架构

来源：IBM商业价值研究院。

图9.3 无边界车企

第九章 大业无疆 汽车无界
建立无边界汽车企业应对行业颠覆及趋势

构成要素1：战略核心——开放的平台战略和生态系统。

开放性是无边界车企的首要，也是最重要的特征。在上述中国汽车行业热点趋势中，我们看到，中国车企要想在产销正增长、自主品牌向上、车企出海、兼并重组的行业大潮中勇立"潮头"，需要与企业内外和行业内外的生态系统参与者进行合作，共同创造，实现突破性的业务增长。这些生态系统参与者不仅包括传统的各层级经销商、各类零部件供应商等，更包括跨行业的各类服务供应商，如提供音乐、游戏产品的电子和游戏行业、提供导航服务的电信和地图行业、提供充电服务的能源和电力行业、提供新所有权模式服务的金融行业、提供各类运输服务的航空、轮船行业等。

构成要素2：加速引擎——加速的技术创新和数据洞察。

创新、技术的进步和大数据成就了汽车产业的电动化智能化变革，为汽车产业迎来了历史性的进化拐点。加速的技术创新和数据洞察，将会让无边界车企以前所未有的速度，发现并挖掘更新、更大的价值池。

以车企供应链为例，在上述中国汽车行业热点趋势中，我们看到，"缺芯"造成的供应链安全问题，是决定车企，尤其是新能源汽车未来发展的重要竞争力。车企可通过物联网、AI、5G 等数字技术和数字孪生等虚拟技术的应用，打造 AI 赋能的供应链控制塔，确保供应链敏捷灵活、全程透明、安全可控，以应对不可预知的黑天鹅事件。

构成要素 3：价值金链——敏捷的智能流程和客户体验。

车企的智能化工作流是提升产业链、价值链、供应链运营效率的一条"金链"，这条金链将车企内部各职能孤岛、外部各级供应商、经销商等合作伙伴、以及行业外生态系统连接起来，直达最终客户。同时，通过自动化、区块链、AI、5G、云和边缘计算等嵌入的数字化技术，特别是数字孪生、远程技术、传感器、零接触等虚拟化技术，以及数据洞察的赋能，智能化的工作流可以让业务更加透明可视、敏捷柔性、高效智能，提升决策质量，降低运营成本和企业风险，打造更好的客户体验，从而实现更大的产销增长，提升自主品牌竞争力，助力车企出海和兼并重组。

构成要素 4：终极目标——持续的绿色发展和运营模式。

可持续发展是无边界车企的企业宗旨和存在使命。在上述中国汽车行业热点趋势中，我们看到，在中国，实现"双碳"使命是所有中国企业必须面对的最重要的可持续发展的战略议题。对于道路运输最重要的排放源——汽车制造行业来说，实现双碳达标更是政策法规、投资方向、智慧出行、循环经济的要求。无边界车企可以和生态系统共同建立绿色发展模式，为客户、合作伙伴以及员工创造和企业战略一致的社会影响，实现企业可持续发展的终极目标。

构成要素5：组织能力——包容的人技融合和技能重塑。

和任何发展阶段相同，在应对行业颠覆和发展趋势的过程中，无边界车企需要依靠组织的力量，这是企业实现战略的执行保障。在自动化、智能化汽车时代，"机器—人—机器"这样的人机融合模式不仅是提高生产力的捷径，而且还是可行的长期战略。在这种模式中，AI和人各自具有独特优势，人技融合可以迸发出强大得多的力量，起到优势互补、相互增强的作用。同时，汽车行业日新月异的变化，以及日益频繁的人技互动对人才的技能要求越来越高，车企最迫切的需求是对所有职能领域的技能进行重塑，尤其是技术技能。

构成要素6：基础设施——开放安全的混合多云和网络。

在上述中国汽车行业热点趋势中，我们看到，对于车企来说，信息安全和行驶安全处于同等重要的水平。没有信息安全，就没有行驶安全，也就不可能实现互联互通的汽车，更不可能实现无边界的车企。企业既要无边界地开放、透明、可视，又要满足信息安全的极致要求，这样的诉求，需要开放安全的混合多云和网络架构才能够支撑。因此，车企需要通过混合多云和网络架构构建安全的基础设施，和生态系统中的所有参与者（例如电信、保险公司等）共同关注数据监管、数据隐私保护、数据安全认证问题，应对网络安全和数据隐私方面的挑战。

那么，如何建设这六大构成要素，成为无边界车企？下面将分别详述。

构成要素1：战略核心——开放的平台战略和生态系统

这个要素是无边界车企的战略核心，也是创造收入和影响力的核心。无边界车企可以通过建设、参与、投资以下五类开创性的平台，与生态系统参与者进行全方位合作：

1. 业务平台：打造整合环境，用于支持和促进生态系统的运营。

2. 资产平台：提供或管理在供应链中用于生产环境的物理资产，或生态系统中的其他关键活动。

第九章 大业无疆 汽车无界
建立无边界汽车企业应对行业颠覆及趋势

3. 技术平台：提供技术能力，此技术能力从其他来源无法以同样实惠的价格获得。

4. 体验平台：打造并协调最终消费者的体验。

5. 数据平台：在生态系统中提供关键数据。

根据IBV《2030汽车行业展望报告》中的调研，目前中国汽车行业对业务平台、资产平台和技术平台的使用最为活跃。但展望2030年，IBM预测中国汽车企业将快速增加对体验平台和数据平台的使用（图9.4），为消费者创造更为个性化的无缝体验，并帮助汽车企业充分利用易于访问的海量数据。据估算，一辆自动驾驶汽车如果按平均水平的行驶里程计算，每天最多可生成4000GB的数据。[1]

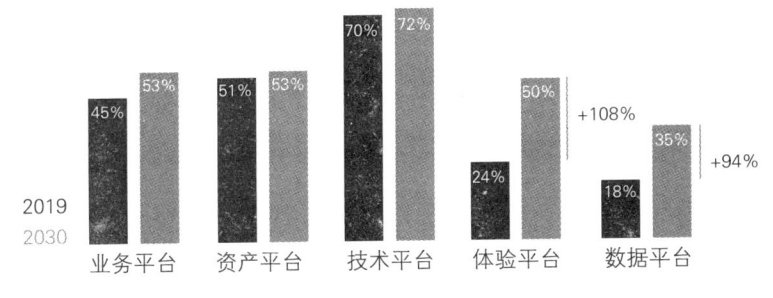

来源：IBM商业价值研究院。

图9.4 中国汽车行业的平台及使用情况

---

[1] 《2030年汽车行业展望——中国洞察》，IBM商业价值研究院，2019年9月。https://www.ibm.com/downloads/cas/13RJAGQE。

IBM 一项针对积极推进数字化的汽车企业的研究显示，到 2030 年，51% 的汽车企业预计将运行或参与 4—5 个平台。① 65% 的中国汽车企业高管表示，平台有利于降低行业准入门槛，有利于从数据和信息中获得更大的价值，有助于促进合作伙伴企业之间的协作，增进彼此的信任。②他们还估计，到 2030 年，从平台获得的收入将占他们总收入的 13%，比 2019 年的占比（8%）增长 63%。③

那么，车企如何深入地参与无边界的汽车生态系统？

首先，集思广益，获得新的智慧和创新。

第一，为中国消费者打造卓越体验：借鉴其他行业的经验，评估与消费者相关的类似流程和技术，整合与优化汽车行业。

第二，广泛听取意见，扩大分析范围，快速开展互动：利用适合每个目标群体偏好的互动模式，跟踪中国消费者的意见，表彰做出贡献和提出真知灼见的人。

第三，提供直观、有意义和一致的数字体验：与合作

---

① 《2030 年汽车行业展望——中国洞察》，IBM 商业价值研究院，2019 年 9 月。https://www.ibm.com/downloads/cas/13RJAGQE.
② 《2030 年汽车行业展望——中国洞察》，IBM 商业价值研究院，2019 年 9 月。https://www.ibm.com/downloads/cas/13RJAGQE.
③ 《2030 年汽车行业展望——中国洞察》，IBM 商业价值研究院，2019 年 9 月。https://www.ibm.com/downloads/cas/13RJAGQE.

第九章　大业无疆　汽车无界
建立无边界汽车企业应对行业颠覆及趋势

伙伴开展合作，确保各个接触环节的一致性，无论消费者选择哪种互动方式。

其次，持续转变零售体验。

第一，把握最重要的影响者：通过自己的渠道提升影响力，同时探索其他方法；借助社交媒体和分析，确定和改变中国消费者最信任的影响因素。

第二，提供全渠道车辆购买选择：广泛运用深层数据分析，帮助销售人员提供个性化体验。

第三，创建对车辆和移动产品的无缝访问：积极地与经销商和非传统参与者开展协作，以便针对中国消费者细分群体，采用不同的互动系统。（请参阅：一汽集团：数字化中台助力营销转型）

一汽集团：数字化中台助力营销转型[①]

一汽集团在传统 B2B 业务模式的基础上，展开了对 B2C 营销和新零售方向的开拓和探索。厂、商、用户之间的关系重构，对 IT 提出了全新的需求，具体表现在三个方面：车企和经销商之间的信息系统需求；经销商和用户之间的信息系统需求；车企和用户

---

① IBM 案例。

之间的信息系统需求。

而一汽集团目前面临着以下挑战：

1. 数据分析预测的准确性经常被内部挑战。分析后发现是因为数据质量差，不同系统、不同数据源的数据无法打通。

2. 当前营销系统平台的触点建设缺少顶层设计，存在应用场景不清晰、线上线下缺乏融合、厂店缺少高效协同、用户体验不一致等问题。

3. 原系统与平台的建设通常采用"烟囱"式开发，相互独立，阻碍一体化统一运营。前端与后端开发绑定一体，更改复杂，迭代更新慢。

IBM帮助一汽集团总体规划了平台化的系统建设思路，旨在实现前端业务在线共享及快速迭代，支撑数据全面贯通，同时保证触点的体验一致性。具体表现在：业务中台作为前端与后台间的变速器，使前端、后端开发独立；不同触点相同功能，则调用统一业务中台的功能中台的微服务架构，功能间关联度低，可实现快速迭代。

另外，IBM还帮助一汽集团建立了双中台的驱动

第九章　大业无疆　汽车无界
建立无边界汽车企业应对行业颠覆及趋势

模型，实现了业务中台的持续优化和数据中台的持续迭代。同时，IBM 为一汽集团设计了混合云的架构，底层采用行业混合云，满足业务发展对资源弹性、敏捷的需求，实现基础设施从传统架构向全云化架构转型，助力中台业务快速共享。微服务架构由 IBM 总体设计并指导实施，支撑多租户及应用快速扩展。

该项目采用大规模敏捷管理框架，保证跨项目组"同时区"协作，同节奏交付产品，以管控项目时间进度。同时，应用敏捷开发流程进行代码交付，实现产品快速上线，业务价值得到了迅速实现。并通过不断迭代，实现了产品用户体验和质量的稳步提升。

构成要素2：加速引擎——加速的技术创新和数据洞察

达利欧在 2022 年新作《原则：应对变化中的世界秩序》中提到，影响人类命运周期的两个关键因素之一，是创新和技术发展。通过创新和技术发展，人类可以解决大多数问题，以此推动进化。IBM 高级副总裁、IBM 研究院院长 Dario Gil 在近日《以我们的创新历史为基础，实现

IBM 的未来——IBM 专利领先地位已经延续了 29 年》一文中也提道："我相信，今天，我们比以往任何时候都更需要创新，来满足我们这个时代许多重大挑战的需求——从创造可持续增长的模式，到助力解决未来的流行疫情和气候变化，再到实现能源和食品安全……但这不会在真空中发生。强大的创新建立在一个协作的生态系统上，致力于对硬科技挑战和基础材料的长期投资，以及实施一种开放的方法……未来将由高性能计算、人工智能和量子计算的融合提供动力，所有这些都通过混合云整合。这些技术的汇合代表了计算领域的进一步变革，其结果将超越我们之前所看到的任何东西。这些进步结合在一起，可以成倍地改变我们针对复杂问题发现解决方案的速度和规模。我们将此称为'加速发现'。"

对于汽车产业来说，上面的观点同样适用。车企采用呈指数级发展的技术创新和数据洞察建设企业的平台战略、转型企业的运营流程、升级汽车的产品服务后，可以改变工作方式和价值实现方式，从而从根本上改变汽车产业的格局。

在 IBV 调研中，当车企高管被问及自己的企业未来 10 年将如何分配数字投资时，人工智能、物联网、云计算被

第九章　大业无疆　汽车无界
建立无边界汽车企业应对行业颠覆及趋势

认为是最重要的投资。

——87%的汽车企业在工厂和装配线上实施了五大类工业物联网（IIoT）技术，包括机器/工业自动化，自动化工作流程，实时设备监控，资产/设备监控，预测性维护。其中，机器/工业自动化是企业应用 IIoT 技术最多的领域，有 76%的 OEM 和 84%的供应商选择了这一项。[1]

——20%领先的汽车企业借助自动化和认知智能，比如 AI、机器学习和高级行为分析，处理未来可能出现的"未知状况"，增强检测和响应等认知能力。[2]

——49%的高管表示，基于软件的机器人自动化、虚拟现实和增强现实以及可穿戴设备之类的技术，可以帮助工作人员找到改进和优化车间运营的新方法。[3]

——随着打印技术和材料的改进，3D 打印正在突破为小批量生产和再制造创建原型的局限，不断扩大适用范围。

——5G 通信是自动驾驶汽车的核心技术，可以让汽

---

[1] 《2030 年汽车行业展望——中国洞察》，IBM 商业价值研究院，2019 年 9 月。https://www.ibm.com/downloads/cas/13RJAGQE.

[2] 《2030 年汽车行业展望——中国洞察》，IBM 商业价值研究院，2019 年 9 月。https://www.ibm.com/downloads/cas/13RJAGQE.

[3] 《2030 年汽车行业展望——中国洞察》，IBM 商业价值研究院，2019 年 9 月。https://www.ibm.com/downloads/cas/13RJAGQE.

车连接速度更快，感知能力更强，普及车上的高速视频或游戏的应用。AI 可以大大提升自动驾驶汽车的精准决策和执行能力：通过 AI 机器视觉能力，汽车可以辨认道路上的物体；通过 AI 深度学习能力，汽车不断测试累积经验，让驾驶更安全。自动驾驶集成了人工智能几乎所有的技术类型，是 AI 最高级别的应用。

——区块链在该行业的发展势头也十分强劲。2/3 的受访高管表示，区块链将在未来三年内成为行业颠覆性力量。区块链可以帮助在供应链内建立信任和真实性，大大减少信息摩擦点，改善业务网络的信息不完善问题，缓解相关信息风险，提升访问特定交易所需信息的能力。

——未来 10 年，量子计算等新兴技术的投资有望稳步增长。

除了技术创新之外，数据洞察也将是无边界汽车企业的加速器之一。汽车企业坐拥珍贵的数据宝藏，包括业务、产品、服务、客户、设备等内部来源及外部来源生成的结构化和非结构化数据。如果将先进的数据科学与新兴技术（例如流程挖掘、神经网络、群体智能和量子计算）相结合，会为加速创新创造新机遇。

以汽车消费者数据洞察为例：互联互通的汽车在为消

第九章 大业无疆 汽车无界
建立无边界汽车企业应对行业颠覆及趋势

费者提供无缝互动服务和体验的同时，还让驾驶员、车辆、经销商和 OEM 之间进行着大量的数据交换。从表面上看，这些数据可说明驾驶习惯、体验，甚至驾驶效率。但如果将分析结果与其他数据（例如购买历史记录、服务历史记录、浏览器行为、社会经济数据以及社交媒体活动）结合起来，开发统一的消费者数据洞察视图，就可以更深入地了解消费者喜好和兴趣，发现互动的机会，并生成更多潜在商机。具体来讲：

首先，捕获消费者数据。这包括从生态系统合作伙伴可共享和许可的数据中，尽可能多地了解消费者或潜在消费者，无论消费者是和企业的某个部门互动，还是和企业价值链互动。例如，确定谁在 3 年前购买了汽车，并且服务续订即将到期，并了解其是否使用了融资选项。

其次，整合消费者数据。将企业了解到的有关消费者的所有信息（包括数字数据、商机数据以及面对面互动数据）通过开放安全的信息架构集中起来，汇总到商机管理系统中，帮助品牌建立消费者档案，并通过最合适的渠道进行个性化沟通：例如呼叫中心、社交媒体、电子邮件、短信等。留住客户通常比吸引新客户容易得多。根据估算，吸引新客户的成本是留住现有客户的 5 倍。

IBM 商业价值报告：
无边界企业

最后，形成统一的消费者数据洞察视图。OEM 和经销商之间通过合适的价值交换以及共享数据和洞察，共同培育真正的消费者关系，并利用合适的数据支持，做出决策。这就要求真正了解消费者：他们需要什么？有何期望？他们是否已经是品牌的忠实拥趸？他们最可能对哪些产品或服务感兴趣？除了车主之外，还有哪些驾驶员会参与对话？品牌企业如何更好地了解他们，甚至在第一时间就能够辨别出他们作为客户的潜力？同时，车企还需要建立强大的企业数据治理措施及道德规范，消除数据偏见。(请参阅：车联网云平台，提升用户出行体验，创造美好出行生活)

车联网云平台，提升用户出行体验，创造美好出行生活

随着人们生活方式的改变，出行时间在日常生活中所占的比例越来越大。为了帮助车主应对不断变化的出行需求，提供舒适、便捷、智能、绿色的出行方案极为重要。中国某国际领先车企集团希望通过整合市场中现有车辆出行相关服务，对其进行融合创新。帮助车主解决智能出行的难题，提供个性化服务，实现智能出行的目标。

第九章 大业无疆 汽车无界
建立无边界汽车企业应对行业颠覆及趋势

该集团与IBM开展合作，搭建了连接消费者和场景化服务、稳定、智能、技术完善的车联网云平台。该平台能够满足用户在停车、导航、支付、充电、语音识别等高覆盖度、一站式的场景化需求，为用户提供数字化、智能化的互动体验，包括智能停车系统、智能充电系统、智能在线支付、智能场景导航、智能语音助理、智能充电网络、智能语音识别等。该平台为用户提供了舒适、便捷、智能的出行方式解决方案以及统一、高效的出行服务体验。

另外，该平台还全面应用了AI和大数据分析技术，对用户和接触点进行深入、精准画像，为用户提供智能搜索和推荐引擎服务，致力于为用户打造更智能、更便捷的出行体验，缩短用户"最后一公里"的时间，提升了用户对品牌的忠诚度和满意度。最后，该制造商利用此平台，进一步开发、拓展大数据领域的产品和服务，创造新的收入来源，例如基于导航过程中产生的车辆大数据，提供增值服务；基于支付过程中产生的数据，为保险及金融服务业带来了增长机会。

构成要素3：价值金链——敏捷的智能流程和客户体验

延展的智能化工作流程是连接无边界车企产业链、价值链的"金链"，这些工作流程按照开放的数字标准和协议，将车企内部的研产供销端到端的职能、外部的各级经销商和供应商等合作伙伴以及跨行业的生态系统参与者完整、立体、有机地连接在一起（图9.5）。延展的智能化工作流程依靠数据和安全的混合云访问，推动迭代试验、实

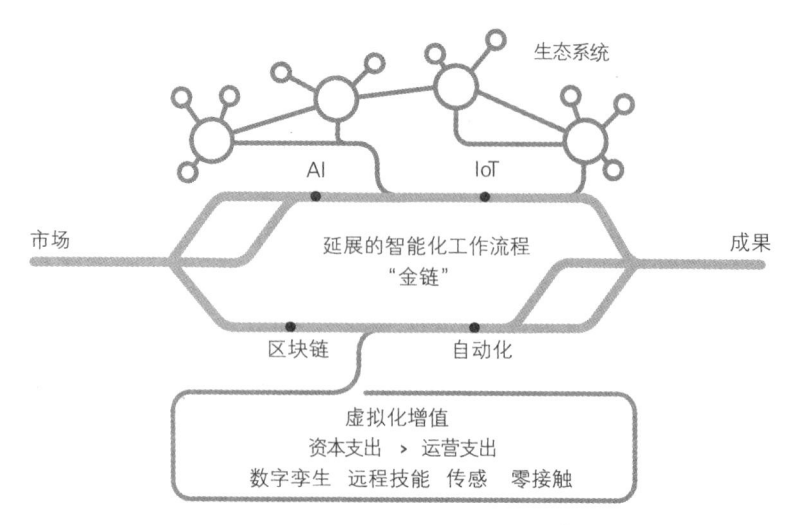

来源：IBM商业价值研究院。

图9.5 延展的智能化工作流程

第九章　大业无疆　汽车无界
建立无边界汽车企业应对行业颠覆及趋势

时决策以及持续合作，不断优化企业的运营效率、速度、可视性、敏捷性，让最终客户体验到无边界车企的集体价值，并将价值潜力指数级放大。

工作流程的范围延展得越大，工作流程的客户和参与者之间的端到端联系就越紧密，业务成果也就越显著。根据 IBV 调研，平均而言，企业通过实施智能化工作流程，可额外带来 8% 的年收入增长。通过在工作流程中采用数字化技术，可以带来 3 倍的收益。通过实施虚拟化技术，企业组织成本平均降低了 7%，预计在未来 3 年内将进一步降低 9%。[①]

那么，车企如何优化建立延展的智能化工作流程？

首先，识别出企业自身差异化的工作流程，进行智能化再设计。

例如：根据 IBV 调研，中国消费者在购买车辆时的受影响方式发生了很大的变化，他们依靠多种渠道来做出购买决策。75% 的受访中国消费者表示人际关系（如口碑）的影响力非常大，这一比例远远高于 45% 的全球水平；第二个最具影响力的渠道是家人、朋友和其他消费者的评价

---

① 《无边界企业——扩展的智能化工作流程的魔力》，IBM 商业价值研究院，2021 年 10 月，https://www.ibm.com/downloads/cas/NMG0XGEY。

（56%）；之后是一般在线搜索、网络评论和 OEM，均为 45%；最后是经销商，其所占比例为 39%。[1]这些都对车企的零售流程带来了颠覆性的要求。

再例如，一家欧洲汽车制造商运用预测性模型分析了 500 余项绩效变量，以确定需要从哪些领域入手调整生产线。之后通过在历史和实时生产变量（包括机器设置、物料温度和设备维护活动）中预先加入预测引擎，从而优化生产线。该公司成功地将达到最佳工艺目标水平所需的时间缩短 50%，并在两年内全额收回投资。

其次，应用数字化技术以及虚拟化技术，调整技能，实现新的价值池。

例如：针对零售流程，中国一家大型 OEM 建立了全面的电子商务平台，直接向消费者出售汽车。通过这个渠道，消费者可以直接向 OEM 指定汽车型号并购车，然后选择直接发货到家庭住址或通过经销商运货。消费者还可以通过此平台购买 OEM 提供的其他产品和服务。这项服务目前已经在中国超过 70 个城市中推广。

再例如，针对生产线中的安全流程，一家日本车企运

---

[1] 《人车关系新发展——中国观点》，IBM 商业价值研究院，2016 年 11 月，https://www.ibm.com/downloads/cas/YDG3NP1B.

第九章　大业无疆　汽车无界
建立无边界汽车企业应对行业颠覆及趋势

用高级分析技术识别潜在安全问题，以避免风险。他们应用自然语言处理捕获并分析非机构化和结构化数据。这些数据反映出安全问题与根本原因之间的模式和关联，大大提升了查找问题的速度和精确度。

最后，以"模块化"形式组合人员、流程和数据，快速建立可延展的灵活工作流。

例如，为打通车企的供应链流程，让供应链更加透明、敏捷，车企可以运用供应链控制塔（Supply Chain Control Tower），对供应链体系从需求计划、采购管理、生产管理到物流交付，实现由人员、流程、数据洞察驱动的智慧供应链，带来全新的客户体验和价值主张（请参阅：汽车座椅行业某领军企业：智能工作流，支撑企业战略转型）。具体来讲：

> **汽车座椅行业某领军企业：智能工作流，支撑企业战略转型**
>
> 中国汽车座椅行业某领军企业确定了"由供应链型公司成为科技服务型公司"的战略方向，希望打通制造与服务全过程，实现资金流、物资流、信息流"三流贯通"。

> IBM帮助该企业优化并贯通了业务核心流程。通过智能工作流技术，对流程关键节点进行重构和赋能，关联内外部数据，让流程具有实时性、敏捷性和洞察力，能准确动态地驾驭从商机到回款端到端流程中的产量需求、资金成本、物资分配、资源消化、设备状态等各环节。
>
> 该方案将数据分析与业务流程高度融合，将"人跑流程"变为"数据跑流程"。该企业还将实现经营管理智能化转型，支撑向平台化组织发展。

第一，实现数据实时可见和实时监控预警，对实际发生的事件尽在掌握。利用物联网（IoT）和认知洞察，加强可视性和可预测性，改善运营，帮助提高设备和资产的可靠性和运行性能。这种能力有助于提高从设计到支持的整个制造流程的质量和产量，提高资源利用效率（例如人员和能源），同时降低成本。

第二，预测未来事件发生的概率，进行未来一段时间（如一周后）的场景模拟，从供应商、工厂、仓库、渠道到门店，把控原材料、订单、库存、产能、物流信息，纵观全局；并主动识别风险，进行根本原因分析，利用人工

第九章 大业无疆 汽车无界
建立无边界汽车企业应对行业颠覆及趋势

智能及机器学习,结合大数据,提供多套解决方案及财务影响分析,运筹帷幄。

第三,根据方案指导,并在混合云架构下,员工可以随时随地进行远程控制和业务处理,并持续优化和流程创新。

构成要素4:终极目标——持续的绿色发展和运营模式

IBM 基于自身长达50年的环境保护实践,以及与全球众多汽车客户共同积累的绿色低碳企业建设经验,认为车企在实现双碳使命时,需要"战略先行"。车企既需要立足目前,实现近期的碳达峰合规目标;又需要放眼未来,规划中长期的碳中和战略及实施路径,这就是 IBM 的车企碳中和"四阶段"战略路线图(图9.6)。

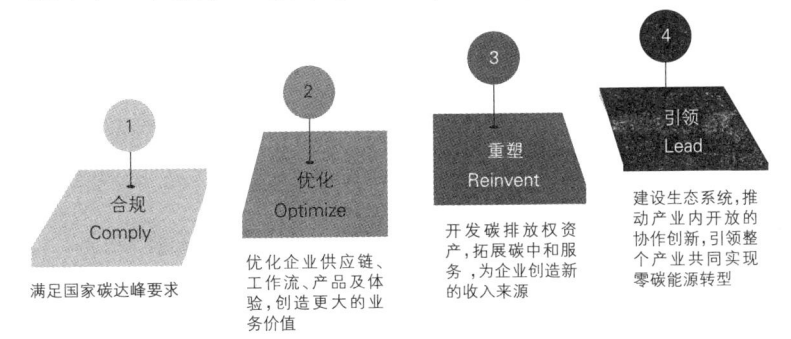

1. 合规 Comply — 满足国家碳达峰要求
2. 优化 Optimize — 优化企业供应链、工作流、产品及体验,创造更大的业务价值
3. 重塑 Reinvent — 开发碳排放权资产,拓展碳中和服务,为企业创造新的收入来源
4. 引领 Lead — 建设生态系统,推动产业内开放的协作创新,引领整个产业共同实现零碳能源转型

来源:IBM 商业价值研究院。

图9.6 汽车企业碳中和战略路线图

263

第一阶段：合规（Comply）

车企在这个阶段的战略目标是：满足国家前期碳达峰目标的合规要求，降低运营风险、合规风险、品牌风险，保持企业运营许可。

具体实施路径包括：

首先，车企需要摸清碳排放基线，评估碳排放成熟度和差距。企业可以借助物联网（IoT）及AI技术，以前所未有的细颗粒度，实时捕获碳排放的结构化和非结构化数据。并对捕获数据制定流程和开放标准，对数据进行整合、分析、验证真实性、优化数据质量、提取数据价值，从而相对准确地评估目前的碳排放总量、影响最大的碳排放来源以及类型，并准确核算碳排放量和成本。

其次，运用IBM车库方法™，制定碳中和规划。明确了碳排放基线和差距后，车企可以运用IBM车库方法，针对自身现状，并参考行业领先实践，确定适合自身的减排策略和碳中和战略目标。并通过从上到下、从外到内的方法，对碳中和愿景及战略目标达成全面共识。同时，应将碳中和战略与企业的数字化转型战略整合起来，将碳中和战略作为企业数字化转型战略的核心，并以数字化驱动低碳化。

最后，建立以绩效为抓手的碳中和战略执行机制。车

第九章 大业无疆 汽车无界
建立无边界汽车企业应对行业颠覆及趋势

企在制定了碳中和战略后,更需要设计全面的落地执行机制,将战略一步步变为现实。而绩效体系是一个强有力的抓手,包含建立经营绩效和碳绩效指标体系,以碳绩效促进经营绩效;采用碳会计(Carbon Accounting)方法进行碳核算和绩效评估;并持续优化指标计算模型。

第二阶段:优化(Optimize)

车企在这个阶段的战略目标是:以碳中和目标为指引,释放碳数据和数字科技的巨大力量,对企业内的供应链、制造、产品及体验进行优化,助力企业持续发展。

具体实施路径包括:

首先,优化传统供应链为绿色供应链。许多车企发现,来自供应链的间接碳排放占到了95%,其中上游原材料供应环节占30%,下游产品销售和使用环节占65%。因此,对于车企来说,要实现可持续性,必须全面地审视和理解整个供应链。例如:在原材料环节,建立可靠的和可持续发展的材料源;创新设计长生命周期的可复用材料;基于区块链技术,对产品的多级供应商进行碳足迹跟踪,保证各个原材料的碳排放数据不可窜改和可追溯性,以及全网点数据透明和可视化实时监控。在运输物流和储存环节,使用AI与自动化,减少碳排放与污染。在销售环节,使用虚拟化在线购物。在使用环节，以绿色出行服务为导向，如租车服务、电池更换和回收服务、共享出行服务，大力推广循环经济。最后，利用供应链金融平台，帮助车企的供应链快速进行绿色融资，帮助车企供应链做绿色转型。

其次，优化传统制造为绿色制造。车企可以优化制造环节，例如：使用清洁能源生产制造；利用物联网、区块链、AI、数字孪生、边缘计算等数字技术重新设计生产流程；聘用当地人工进行更多本地化的生产；优化电池的生产环境，以减少企业的碳足迹，更高效地利用资源价值。

最后，优化传统汽车为绿色汽车。车企除了需要关注内部供应链及运营优化之外，还需要时刻关注消费者需求的变化，这是推动企业创新的源头。在双碳时代，消费者越来越关注车企是否能够提供透明、绿色的汽车和出行体验。(请参阅：雷诺：区块链技术，助力转型绿色供应链)企业要积极应对这样的变化，不断优化现有的汽车，最大化汽车寿命；通过创新设计与材料减轻成品车重量；加强对新能源汽车的创新研究，提升用电水平，减少电动车的能源消耗，降低电动车的成本，增加电动车的种类，增加电动车充电桩数量；优化司机、乘客的出行体验。

第三阶段：重塑（Reinvent）

车企在这个阶段的战略目标是：站在行业范围的视

第九章 大业无疆 汽车无界
建立无边界汽车企业应对行业颠覆及趋势

角,通过向新能源汽车转型,以及定制"出行即服务"的商业模式、设计开发配套的数字化平台,以可持续发展为中心,重塑企业商业模式及增长模式。

具体实施路径包括:

首先,企业加速从传统燃油汽车的商业模式向新能源汽车转型,包括新能源汽车的研发、销售以及新的赢利渠道等。

其次,企业通过建设平台模式,包括管理供应链内碳排放量的碳排放管理平台;为车主提供创新服务、提高交通运行效率的车联网平台;利用自身碳排放合规和优化工作长期积累的知识经验、专业能力、解决方案、客户关系,为行业内的上下游参与者提供行业碳中和解决方案的碳中和服务平台等,重塑企业新的增长模式。

> **雷诺:区块链技术,助力转型绿色供应链**[①]
>
> 雷诺(Renault S. A.)是一家法国车辆制造商,2018年12月入围2018世界品牌500强,位列第79位。在向绿色发展模式转型的过程中,雷诺面临着一

---

① IBM 案例,《Driving auto supply chains forward with blockchain》,https://www.ibm.com/casestudies/renault/.

些挑战：新的市场法规对汽车零部件有着更严格的要求；生产链需要在短时间内调整结构，以符合法规要求；汽车涉及上游生产链广大，信息整合难度大。

IBM利用区块链技术"Hyperledger Fabric"帮助雷诺开发XCEED项目，构建可信任的网络平台。区块链技术不可窜改、可溯源能力的特点，不仅保证了各方提供的信息具有可溯源化和不可窜改性，同时保证了共享信息的安全性，为交易提供可信的执行环境。

XCEED让不同行业、不同类型主体的参与方，都可以基于可信的透明化平台，进行数据共享和业务协同。不仅帮助了雷诺的生产工厂与其上游供应链之间传递高效率的信息；同时让监督机构可以实时跟踪供应商和生产工厂的信息，保证了交易信息的透明度。

第四阶段：引领（Lead）

车企在这个阶段的战略目标是：通过建设经济—社会生态系统，推动汽车产业内开放的协作创新，引领整个汽车产业共同实现零碳能源转型，构建全新的绿色产业体系和零碳经济体系。

具体实施路径包括：

第九章 大业无疆 汽车无界
建立无边界汽车企业应对行业颠覆及趋势

首先，企业确定汽车产业领域内的减碳挑战，建设生态系统。车企双碳达标的很多挑战是需要在产业范围内解决的。领先车企需要和产业领域内的所有经济—社会生态系统的参与者，包括公共机构、私营企业、投资机构、非营利组织建立合作。并根据需要积极扩展生态系统，加速改进工作流程，联通生态系统，推动商业模式、运营模式、产品服务的创新转型。

其次，车企通过科技解决实现生态系统过程中的挑战。包括：利用目前丰富的数据、区块链等新兴技术，以及技术架构和平台应用开放标准，实现数据的互操作性，提升透明度；利用透明的数据分析，有效融合数据、数字技术，方便个人和组织访问和使用数据，并吸引更多元化的优秀人才和组织参与开放式创新和解决方案的开发，共同激发和推动环境变革，增强集体智慧；（请参阅：福特：区块链技术，建立可持续采购网络）以适当的信息架构和数据治理为前提和基础，实现数据整合、互操作性、可访问性和共享，并减少安全和隐私方面的法律问题；基于AI洞察制定更具针对性的政策和干预措施，建立合适的激励机制，并赋能参与方加入、调整和发展生态系统。

福特：区块链技术，建立可持续采购网络[①]

福特汽车公司与通用、克莱斯勒在20世纪被认为是底特律的三大汽车生产商，引领美国的汽车市场。目前福特正在准备推出多款电动车车型。但是目前钴的供应链中正在发生大量人权侵害与使用童工的情况，供应链存在着不透明、人工审计等问题，让车企难以验证其供应商是否符合负责任供应商的标准。

IBM帮助福特建立了负责任的采购区块链网络（Responsible Sourcing Blockchain Network，RSBN），证明钴的最初生产过程、维护过程以及从矿山到最终制造商手中的整个过程都合乎道德要求。

该网络以IBM区块链平台为基础，以RCS Global Group为保障，以Linux基金会的HyperLedger超级账本架构为技术支持。

[①] IBM 案例，*Volvo Cars Joins Responsible Sourcing Blockchain Network, Launched by IBM, Ford, and Volkswagen Group*；*Advancing EthicalSourcing of Minerals Continues to Scale With This Network*，2019-6，https：//newsroom.ibm.com/2019-11-06-Volvo-Cars-Joins-Responsible-Sourcing-Blockchain-Network-Launched-by-IBMFord-and-Volkswagen-Group-Advancing-Ethical-Sourcing-of-Minerals-Continues-to-Scale-With-This-Network.

第九章 大业无疆 汽车无界
建立无边界汽车企业应对行业颠覆及趋势

> RSBN平台确保了原材料审核记录是不可变的。各参与方可以在保证机密或竞争信息不泄露的同时，共享真实的生产信息。另外，这个平台是去中心化控制的，因此没有一个企业可以侵害整个过程，增强多方互信。最后，这个平台具备高可扩展性，可以接纳新的成员与新的行业。

构成要素5：组织能力——包容的人技融合和技能重塑

汽车制造业一直都没有停止自动化的脚步。根据IBV调研，87%的汽车行业高管表示，在工厂中提高自动化水平非常切实有用。[①]但同时，许多OEM发现：如果只关注通过机器、流程和数据自动化，不断缩短每辆车的制造时间，而忽略人的因素，会错失巨大机遇。用汽车领域著名创新家埃隆·马斯克的话说，"过度的自动化是一个错误……这样会低估人的能力"。因此，91%的受访者表示，

---

① 《AI赋能汽车工人——借助数字科技，提高技能与生产力》，IBM商业价值研究院，2020年7月，https://www.ibm.com/downloads/cas/A0LAO7Q2.

IBM 商业价值报告：
无边界企业

如果机器人和其他自动化机械能够像人一样，能够适应意外情况，并主动解决问题，将显著提高工厂产量。这表明目前机器人还无法完全代替人，人仍然是帮助 OEM 不断提高生产力的重要力量。

在人技融合模式中，AI 经过训练可以成为出色的、不知疲倦的、不易被偏见左右的数据分析专家，找到大多数人无法发现的关联性；(请参阅：OEM：使用 AI 增强人的感知) 但是，AI 往往不擅长适应新情况，也不擅长将所学到的经验教训应用到新领域，而人可以构思新颖的解决方案，想出持续改进的点子，并利用自己的丰富经验，应对意外情况。

> **OEM：使用 AI 增强人的感知**
>
> 质检是一项艰巨的任务。由于汽车行业的质量标准非常高，因此质检工作需要专注度和精准性。此外，由于生产线的周期时间设得非常短，因此质检工作必须快速进行。基于 AI 的高级视觉质检系统能够显著增强人的感知能力。基于 AI 的视觉系统永远不知疲倦，不会分散注意力，能够始终保持出色的问题识别能力，而且消除了主观性。

第九章　大业无疆　汽车无界
建立无边界汽车企业应对行业颠覆及趋势

一家豪华车制造商从众多供应商那里购买轮辋,他们要求产品质量始终如一。但是,尽管轮辋的光学可测缺陷通常为1毫米左右,但远远小于该尺寸的缺陷也经常看到,如0.3毫米。此外,该制造商还希望发现整个车轮上所有部位的缺陷,包括在车轮安装到汽车之后便无法看到的内侧缺陷。该OEM及其供应商使用基于AI的解决方案,彻底改变了质检流程,利用多个摄像头技术提供的信息,帮助质检员快速发现缺陷。

另一家总部位于美国的著名汽车OEM由于难以对新设计的车型保持一致的装配生产,带来了生产力损失、返工和零部件报废等问题。为了解决这个问题,该OEM为质检员配备了基于AI的视觉质检工具。率先部署该工具的地点在最初的30天内便防止了32起车辆装配事故。

虽然人还不能完全被机器和技术代替,但是,随着技术重新定义任务和扩充工作,员工不可避免地需要学习新技能、重新接受培训,并在适应新的工作方式方面得到支持。例如,电动汽车的出现降低了机械复杂性,但却带来了更多的数字复杂性、更多的软件密集型车辆和新的制造

IBM 商业价值报告：
无边界企业

工艺。工业 4.0 和电动车制造工人需要具备数年前无法想象的新技能，特别是汽车技术（图 9.7）。

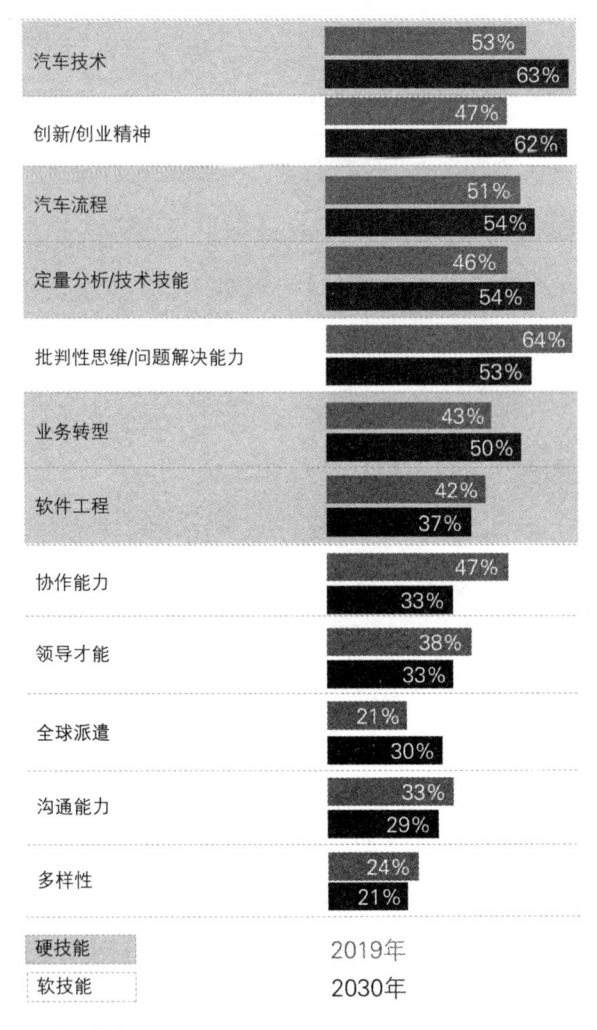

技能	2019年	2030年
汽车技术	53%	63%
创新/创业精神	47%	62%
汽车流程	51%	54%
定量分析/技术技能	46%	54%
批判性思维/问题解决能力	64%	53%
业务转型	43%	50%
软件工程	42%	37%
协作能力	47%	33%
领导才能	38%	33%
全球派遣	21%	30%
沟通能力	33%	29%
多样性	24%	21%

硬技能　2019年
软技能　2030年

来源：IBM 商业价值研究院。

图 9.7　对汽车企业至关重要的员工技能

274

第九章　大业无疆　汽车无界
建立无边界汽车企业应对行业颠覆及趋势

面对这些挑战，OEM 和供应商可以设计无边界的新型人才结构：在企业内部重塑人才和技能，或者从外部生态获得人才和技能。

1. 从企业内部重塑人才和技能。

预计未来十年，随着业务模式和产品结构发生变化，汽车行业将花费 330 亿美元对员工进行技能重塑。[①]这种需求一经确定，企业可以通过打破内部人才边界，建设内部人才平台，汇聚多元化人才；也可以制定新技能培训计划，并在 AI 驱动的各种设备和学习平台上对员工进行培训，以实现大规模、持续的、个性化的、有吸引力的学习体验。

例如，IBM 基于自身数字化转型的经验和对于未来汽车行业数字化人才能力需求的理解，为国内一家领先的德系合资车企设计了数字化能力标准、任职资格体系以及数字化人才培养及认证管理机制。通过与企业的培训机制打通，为该企业重塑数字化人才和数字化员工技能、规划人才数字化职业生涯奠定了坚实的基础。

---

① 《AI 赋能汽车工人——借助数字科技，提高技能与生产力》，IBM 商业价值研究院，2020 年 7 月，https://www.ibm.com/downloads/cas/A0LAO7Q2.

2. 从外部生态获取人才和技能。

尽管"对现有员工进行技能重塑而非淘汰"是首选战略，但汽车制造商还是需要聘用新人以增强现有技能。为了吸引所需人才，企业高管既可以借用、共享生态合作伙伴的人才；也可以从外部市场招聘人才，采用 AI 赋能的人才招聘工具和流程，创造富有吸引力的求职体验，消除招聘偏见，加快招聘速度，帮助新员工快速形成生产力。

例如，欧洲一家主要的 OEM 使用 AI 为企业建立了合适的人才队伍。现在，该公司每月都有数百个求职者经历招聘流程，AI 数字助手通过用户友好方式指导这些人完成数据输入。该公司与 AI 体验设计师合作开发的 AI 助手帮助求职者通过虚拟对话申请职位，而无须填写大量纸质表格。这个解决方案还使招聘者可以清楚地看到技能和招聘数据，轻松地完成招聘流程的各个步骤。

构成要素6：基础设施——开放安全的混合多云和网络

无边界车企依赖于各类开创性的平台和生态系统、强大的智能化工作流程、技术和数据推动的不断创新以及无缝的人技融合，这些基本要素全部依赖于一个坚实的基础

第九章 大业无疆 汽车无界
建立无边界汽车企业应对行业颠覆及趋势

架构提供支持,否则一切都将是空中楼阁。混合云带来的现代、开放、安全的架构为无边界车企提供有力的支持。

开放安全的混合云覆盖本地、大型机、私有云和公有云环境。"开放"要素鼓励共享和互操作性。"安全"要素保护数据和信息的完整性与可用性,并保障无缝整合与转换。混合云架构为车企从核心到边缘的开发、安全和运营,提供了基于标准的一致方法,还支持多个环境中的工作负载可移植性、协调和管理,帮助车企打破内部孤岛,建立协作和共享能力,并释放出跨职能和跨行业的新价值(图9.8)。

据IBM估计,混合云战略的价值要比纯公有云战略高出2.5倍。根据IBV调研,75%的受访者表示建立混合云有助于拉近各个生态系统之间的距离。2/3的高管认为未来3年,组织将在数据和计算环境运营方面进行创新,包括本地数据中心、主机、私有云、公有云和边缘计算。[①]

那么,车企如何展开上云之旅呢?

[①] 《无边界企业——开放安全的混合云与网络是必由之路》,IBM商业价值研究院,2021年10月,https://www.ibm.com/downloads/cas/PDY1X3AR.

IBM 商业价值报告：
无边界企业

生态系统

AI　　IoT

市场　　　延展的智能化工作流程　　　成果
　　　　　　　　　"金链"

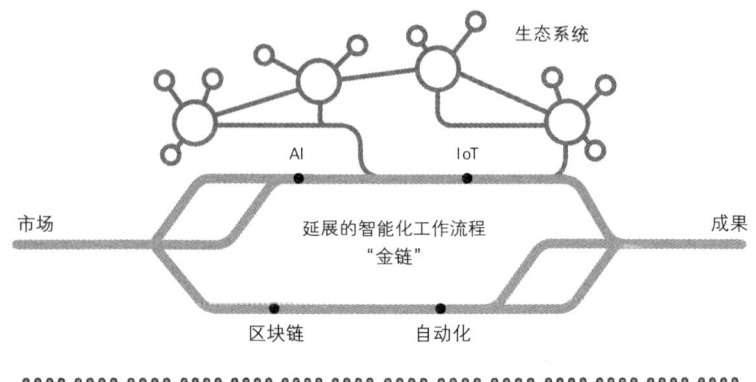

区块链　　自动化

Data Fabric

开放式容器架构

混合多云与网络

来源：IBM 商业价值研究院。

图9.8　开放安全的混合多云及网络

首先，利用混合多云模式，实现战略统筹设计，以应对快速变革。

车企如果选择将无边界企业作为前进方向，就必须培养深入的云能力。重视技术架构的战略地位，已成为企业竞争优势的重要表征，因此 CIO 和 CTO 逐渐成为更重要的最高管理层成员。云并不仅仅是基础架构。与公路、铁

第九章 大业无疆 汽车无界
建立无边界汽车企业应对行业颠覆及趋势

路和机场不同,云技术并不是单一目的的一次性资本支出。将"采用云技术"仅仅视为用即插即用的新系统取代旧系统(数据中心和传统 IT 管理)是远远不够的。如今,更大的挑战在于要从根本上改进软件的设计、开发和运行。全球越来越多的领先车企在实质上正迅速转变为"软件定义汽车"的生态系统企业,而云、应用、数据和网络则是软件驱动型企业的核心要素。(请参阅:数字透明车间"在云端")

> **数字透明车间"在云端"**
>
> 国内一家领先车企集团制定的战略要求所有应用实现云化、现代化转型,具体包括以下四个需求:需要大幅提高交付和部署应用的能力;需要对数字透明车间应用进行云化、现代化改造;云化后的数字透明车间应用,需要上云 AWS;将传统开发模式转变为敏捷开发模式。
>
> IBM 基于 Cloud Innovate 云创新方法,帮助客户对数字透明车间的应用进行了云化现代化的架构改造。同时,采用 Cloud Migration 方法工具,帮助客户将数字透明车间的应用安全、稳定、平滑地上云 AWS。

> 另外，IBM 团队在开发过程中通过 DevOps 的方法工具实现项目的敏捷交付，并利用设计思维方法论，帮助客户实现数字透明车间的流程优化和流程再造，提升了客户的运营效率，主要体现在：数字透明车间的运营效率提升了逾20%；业务部门对 IT 的满意度提升了逾30%；通过 DevOps 敏捷开发模式，开发团队效率提升了15%。

其次，持续现代化。

向无边界车企转型不是一时冲动，不可能毕其功于一役。相反，要接受持续改进的观念，将其作为永无止境的过程与目标。车企可以探索数字仪表板方法、云编排器/管理平台、基于云的 ERP、软件即服务（SaaS）和独立软件供应商（ISV）解决方案，本着开放、敏捷的原则，实现有助于推动学习、最佳实践和改进流程的反馈循环。

最后，推动企业文化变革。

车企在走上无边界转型之路时，很难依靠原有的 IT 员工队伍来应对技能重塑挑战。底层解决方案和架构越开放，能覆盖的大型机、私有云和公有云就越多，负责开发和维护工作的团队的替代性和复用性也越高。

第九章 大业无疆 汽车无界
建立无边界汽车企业应对行业颠覆及趋势

在无边界车企中，企业文化是将人员、技术和企业能力联系在一起，以实现变革性成果和更出色业绩的关键要素。在 IBV 最近的一项调研中，81%的受访企业表示企业文化对数字化转型做出了积极贡献。通过混合云建立并保持倡导互操作和开放的企业文化，有助于促进员工队伍和企业的生产力。基于云的开放式企业可以发挥自身员工和更广泛的合作伙伴生态系统的技能潜力。

第三部分　无边界汽车企业的构建——IBM 车库方法™

车企要构建无边界企业，需要改变传统的"造买决定"的业务模式，探索适合自身的业务模式。而企业在从旧模式到新模式的变革过程中，如何做到"大而不散、快而不乱、变而有序"，需要一个被证明有效的方法指导。这种方法就是 IBM 首创的"车库方法™"。

IBM 采用车库方法™，和车企共创、共建、共赢，帮助车企快速迭代、将初创企业的敏捷创新与成熟企业的规模优势结合起来，实现体验落地和成果达成（图 9.9）。事实证明，在新冠肺炎疫情催生的虚拟世界中，这样的车库模式更是发挥了更大价值。一方面，通过利用任何地点的技能、人才和知识，显著提高生产效率。另一方面，车库模式跨越组织的职能边界，支持生态系统合作伙伴参与创新，快速实施数字化转型。

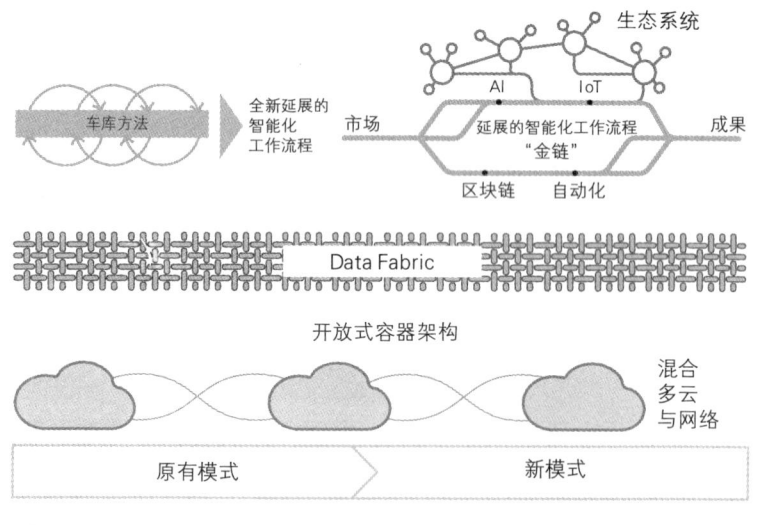

来源：IBM 商业价值研究院。

图 9.9　IBM 车库方法™

具体来讲，IBM 车库方法™为车企数字产品和服务的开发和运营提供了一个框架，涵盖从构思、建模、MVP（最小可行产品）试点到生产和推广的完整生命周期。

第九章 大业无疆 汽车无界
建立无边界汽车企业应对行业颠覆及趋势

——在构思阶段，企业仔细了解用户及其需求，并评估业务资产和能力，制定潜在业务场景的方法和指标，并广泛探索客户效益和业务潜力。由于只有少数构想能够付诸生产，因此必须确保源源不断地提供新构想，不仅可以来自内部利益相关方，也可以来自生态系统合作伙伴。合作伙伴之间的密切协作，包括共同创造和同地协作，使"车库"模式明显有别于传统的"OEM/供应商"关系。

——在建模阶段，由产品负责人、数字战略师、设计人员和开发人员组成的跨部门敏捷团队将这些概念转化为具体的产品和服务。

——在 MVP 阶段，将数字原型转变为 MVP，并与真实用户一起开始执行持续的测试周期，从相应的迭代和优化流程，一直持续到确定进入了增长轨道或证实此方法不可行为止。与用户共同进行迭代测试，这样可以支持快速做出决策并缩短周期。

——在生产阶段，将根据市场反馈对产品进行迭代。这个阶段还为产品大规模市场推出（包括本地化调整和产品固定化）做准备。

——在推广阶段，通过确定最有效的营销渠道来实现规模和效益，从而扩大产品开发能力，并贯穿产品生命周期持续开发。

采用车库方法，对产品和服务持续快速地改进，需要具备两个基础条件：

第一，需要有理想的技术平台，能够满足 DevOps 和微服务在项目设置、实施、整合、质量保证以及运行等方面的需求。这样的平台应包含微服务、云端基础架构和 DevOps 支持。

第二，团队需要能够利用以开发人员为中心的技术方法，在尽可能不依赖外部因素的前提下对产品进行变更。只有采用现代基础架构才能应用理论方法，最终实现兼具实用性和可用性的产品及服务。（请参阅：一汽—大众汽车有限公司：车库方法，赋能智能网联数字化能力建设项目）

> **一汽—大众汽车有限公司：车库方法，**
> **赋能智能网联数字化能力建设项目**[①]
> 一汽—大众汽车有限公司是由中国第一汽车股份有限公司、德国大众汽车股份公司、奥迪汽车股份

---

① IBM 案例，《披荆斩棘，成就客户，IBM 助力业内领军企业斩获未来企业大奖》，2021 年 10 月，https://mp.weixin.qq.com/s/17cv25R6f_hZwT7oRNIVsg。

第九章 大业无疆 汽车无界
建立无边界汽车企业应对行业颠覆及趋势

公司和大众汽车（中国）投资有限公司合资经营的大型乘用车生产企业，是我国第一个按经济规模起步建设的现代化乘用车生产企业。作为年产量200万辆的中国领先车企，自2019年起大力推动自主化研发，在成都组建了独立研发中心。

作为一汽—大众内部第一支具有自主研发能力的团队，IBM通过车库创新等方式，提供陪伴式创新服务解决方案。首先，IBM协助成都研发中心完成了从0—1的蜕变，培养了一只具备全链路研发能力的矩阵型团队。其次，车库方式改变了传统以外包方式为主的研发现状，将供应商从甲乙方的关系转变为合作共创的模式。在这个过程中，一汽大众成都研发中心负责人也从"水手"蜕变成了企业数字化进程中的"领航员"。最后，车库方式改变了传统车型项目的交付方式，极大提高了项目交付速度，降低了车型项目的研发成本。这个项目也因在数字化领域取得的变革性进步，而被评为2021年IDC"未来企业之未来数字创新领军者"优秀案例。

截至目前，一汽—大众基于三品牌融合的统一

> 车联网平台持续布局跨领域生态圈，成功为三品牌多个车型项目赋能，向用户提供场景化、个性化、智能化的网联服务。未来一汽—大众将持续以体验驱动设计为主导原则，以建立数字化研发为核心，聚焦敏捷与软件。IBM也将一如既往，与客户共同致力于应用先进的技术手段探索多元化交互方式，为"第三空间"中的极致体验助力。

结束语

拥有100多年历史的汽车产业，如今在数字化技术、新能源革命、交通革命的交融互动下，已经迈向以电动化、智能化、新能源汽车为核心的发展阶段。造车者也在发生着颠覆性的变革，从传统车企到造车新势力，从国外车企巨头到国内自主品牌，从封闭个体到生态系统，车企正在经历着新一轮的进化，而能够前瞻看到未来、并成功把握未来的无边界车企，必将在危机与变革中胜出。

在帮助中国汽车企业建设无边界企业的过程中，IBM Consulting将与客户共同创造，既为客户绘制高屋建瓴的战略蓝图，又陪伴脚踏实地的执行落地；既包含纵向的战略咨询、系统实施、直至流程运营的管理服务，又覆盖横向的财务、供应链、采购、运营、生产、人才、技术、文化、品牌、产品、营销、渠道端到端的专业领域。

第十章

大爱无疆　医者无界

后疫情时代，医疗和生命科学
行业加速无边界转型

IBM 商业价值报告：
无边界企业

作者介绍

李少春（Jery Li），IBM Consulting 大中华区医疗医药及生命科学行业负责人。李少春先生是 IBM 大中华区医疗、医药和生命科学行业总经理，IBM 发明大师。李少春先生一直专注于推动 IBM 咨询、IBM Watson 人工智能科技和生态系统解决方案，以助力医疗和生命科学行业和 IBM 战略客户完整价值链的数字化重塑进程。通过和政府机构、业界思想领袖以及医疗大健康产业生态企业深入合作，将数据、技术和专业知识整合，实现转型，致力于打造智慧医疗生态。

近年来，在数字化技术发展的趋势下，李少春先生主要聚焦在医疗、医药行业专业场景和前沿数字化技术的深度融合（BT+IT），拥有丰富的实践经验。他和他的团队成功服务于全球顶级跨国公司以及国内龙头医药、医疗和科技企业客户，助力其创新和数字化进程的加速。

电子邮箱 lishaoc@cn.ibm.com。

石延霞，IBM 商业价值研究院高级咨询经理，石延霞女士是 IBM 商业价值研究院的高级咨询经理。她拥有 20 多年的管理咨询和管理研究经验，在组织发展、领导力发展、人才学习和发展、企业文化等人力资源管理领域有着丰富的实践经验。石延霞女士目前专注的研究领域包括数字化转型、无边界企业、可持续发展、混合云和人工智能等，旨在帮助各行业客户洞察未来趋势、创造商业机会。

电子邮箱 shiyx@cn.ibm.com。

第十章　大爱无疆　医者无界
后疫情时代，医疗和生命科学行业加速无边界转型

摘　要

医疗和生命科学行业的发展新格局

《"健康中国2030"规划纲要》提出"共建共享"是建设健康中国的基本路径。从广度上，需要强化跨部门协作，促进全社会广泛参与，形成多层次、多元化的社会共治格局。在深度上，要深化健康服务供给侧的体制机制改革，推动健康产业转型升级，满足人民群众不断增长的健康需求。这个基本路径为中国的医疗和生命科学行业勾画了发展新格局，指明了发展新道路。

重塑无边界的医疗和生命科学企业

引领行业进入发展新格局的将是具备新一代组织和运营模式的医疗和生命科学企业，IBM称之为"无边界的医疗和生命科学企业"。无边界的医疗和生命科学企业将是一个开放的生态系统，由六大要素构成，并通过"扩展的智能工作流"这条价值金线，将企业内外和行业内外的所有参与者紧密贯穿起来，共同创造惠及全人群、覆盖全生命周期的健康服务，最终实现"全民健康"的根本目的。

IBM车库方法™重塑无边界企业

医疗和生命健康企业要构建无边界企业，需要探索适合自身的业务模式。而企业在从旧模式到新模式的变革过

程中，要想做到"大而不散、快而不乱、变而有序"，就需要一个被证明有效的方法指导。IBM采用车库方法™，和企业共创、共建、共赢，帮助企业快速迭代、将初创企业的敏捷创新与成熟企业的规模优势结合起来，实现体验落地和成果达成。

第一部分
医疗和生命科学行业的发展新格局

人工智能、物联网、云计算、大数据、数字孪生、5G等新一代数字化技术正加速与传统产业深度融合，并深入渗透到人类生产生活的各个领域，生发出更多的新技术、新产品、新服务、新业态。

《"健康中国2030"规划纲要》是推进健康中国建设的行动纲领。在该纲要中，"共建共享、全民健康"是建设健康中国的战略主题。其中，"共建共享"是建设健康中国的基本路径，"全民健康"是建设健康中国的根本目的。[①]

[①] "中共中央 国务院印发《"健康中国2030"规划纲要》"。中国政府网。20161025。http://www.gov.cn/xinwen/2016-10/25/content_5124174.htm。

第十章 大爱无疆 医者无界
后疫情时代，医疗和生命科学行业加速无边界转型

对于"共建共享"这个基本路径而言，需要从供给侧和需求侧两端发力，统筹社会、行业和个人三个层面，形成维护和促进健康的强大合力。而就供给侧而言，则需要在两方面同时发力：一方面，从广度上，要强化跨部门协作，促进全社会广泛参与，调动社会力量的积极性和创造性，形成多层次、多元化的社会共治格局。另一方面，在深度上，要深化健康服务供给侧的体制机制改革，优化要素配置和服务供给，补齐发展短板，推动健康产业转型升级，满足人民群众不断增长的健康需求。

"共建共享"的基本路径对中国医疗和生命科学行业既提出了前所未有的挑战，也创造了百年未有的机遇。而引领行业进入发展新格局的将是具备新一代组织和运营模式的医疗和生命科学企业，IBM 称之为"无边界的医疗和生命科学企业"。IBM 认为，"无边界的医疗和生命科学企业"将是一个开放的生态系统。在这个生态系统中，企业通过"扩展的智能工作流"这条价值金线，将企业内外和行业内外的所有参与者紧密贯穿起来，共同创造惠及全人群、覆盖全生命周期的健康服务，最终实现"全民健康"的根本目的。

第二部分
重塑无边界的医疗和生命科学企业

具体来说，无边界的医疗和生命科学企业由六大要素构成（图 10.1）。

1 开放的平台战略和生态系统

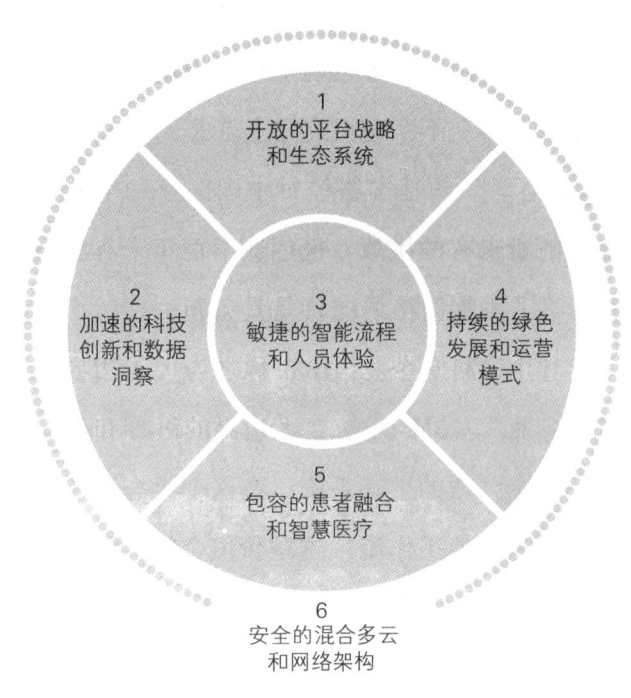

2 加速的科技创新和数据洞察

3 敏捷的智能流程和人员体验

4 持续的绿色发展和运营模式

5 包容的患者融合和智慧医疗

6 安全的混合多云和网络架构

图 10.1　无边界的医疗和生命科学企业

第十章 大爱无疆 医者无界
后疫情时代，医疗和生命科学行业加速无边界转型

构成要素1：战略核心——开放的平台战略和生态系统

开放性是无边界医疗和生命健康企业的首要也是最重要的特征。中国医疗和生命科学企业要想实现"共享共建"，需要与企业内外和行业内外的生态系统参与者进行合作，共同建设大健康生态平台。这些生态系统参与者不仅包括传统的医药、医疗、健康服务、医疗保险等企业，更包括跨行业的各类服务供应商，如健身组织、健康体检、咨询服务、公共卫生、环境保护、食品及药品安全、公共安全等。

那么，如何建设平台和生态系统？

首先，医疗和生命科学企业在制定开放的平台战略和建设生态系统的过程中，需要考虑清楚自身的业务模式和运营模式。

医疗健康产业中的任何一个主体，实际都处于多个利益攸关的生态系统中。在其中的一个生态系统中，该主体可能是处于主导地位，通过数字化技术和产业平台，协同整个生态系统中的所有参与企业，从而实现提高效率、降低风险、满足合规、创新转型，提升人民群众幸福感和获得感。在另外的生态系统中，该主体可能只是一个参与

方,负责赋能整个生态系统中的价值链的一部分。例如有些企业通过建设医疗数据平台,为用户提供自助式实时数据访问,帮助用户花费更少的时间找到正确的数据,并将更多的时间用于探索数据,进而发现切实可行的洞察,更快地响应市场变化。

其次,基于以上的思考,医疗和生命科学企业可以抓住以下三类机遇,建设平台战略及生态系统:

第一类机遇:作为构建者,打造新的数字化医疗平台。

具体举措包括:

举措1:定义将要参与的行业领域,持续重复开展自我评估,适应不断变化的市场环境,根据需要做出调整。

举措2:专注于提高运营效率,提升自动化水平,降低不确定性。

举措3:消除无效流程,深化改革,重新分配资源以开展优先级更高的计划。

例如,近年来,中国各地生物医药产业增长迅速,涌现了一大批生物医药园区。这些园区通过建设开放架构的数字化生物医药创新平台(图10.2),加快产业资源虚拟

第十章 大爱无疆 医者无界
后疫情时代，医疗和生命科学行业加速无边界转型

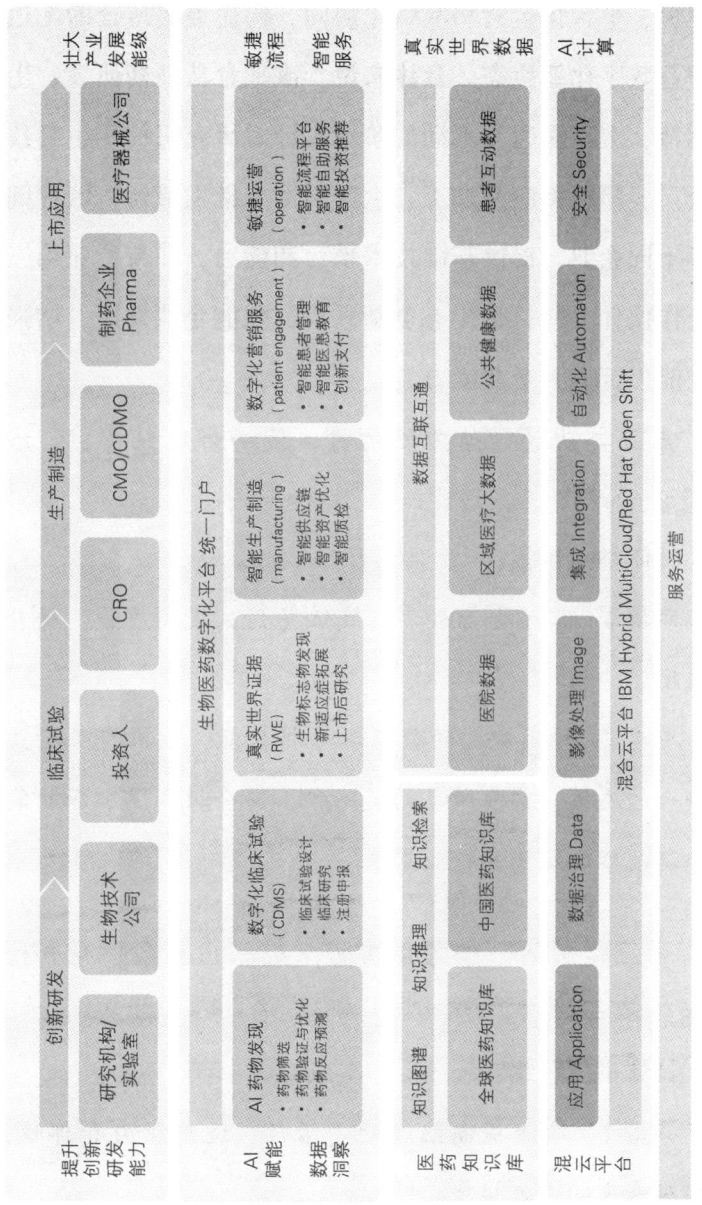

图10.2 开放的数字化生物医药创新平台

297

化集聚、平台化运营和网络化协同，构建虚实结合的无边界产业数字化新生态。具体来说，该平台从新药研发、生产制造、上市流通等不同的阶段，针对研究机构、生物技术公司、原料供应与加工、生产制造、批发流通、医疗健康等不同企业，提供基础技术平台和能力，并与行业第三方合作伙伴共同打造生态创新平台，赋能企业发展，增强研发能力，提升企业能力。

第二类机遇：作为使用者，应用智能化平台，改善患者治疗和业务洞察。

具体举措包括：

举措1：掌控企业数据，降低费用，提高质量，提升参与度。

举措2：培养机构的数据和分析技能，做出有关行业级平台的决策，实现所需的灵活性、安全性和隐私保护能力，满足不断变化的行业需求。

第三类机遇：作为转型者，推动企业数字化和行业生态平台转型。

具体举措包括：

举措1：尽力提高组织的灵活性、适应能力和弹性，以应对未来的无数挑战。

第十章 大爱无疆 医者无界
后疫情时代，医疗和生命科学行业加速无边界转型

举措2：不懈追求，永不满足现状，持续推动企业重塑。

举措3：建设医疗和生命科学数字化产业平台和数字化赋能平台。

（请参阅案例：心医国际：新一代互联网医疗服务云平台，赋能医疗服务生态系统建设）

> **心医国际：新一代互联网医疗服务云平台，赋能医疗服务生态系统建设**
>
> 相较于通信和银行业，医疗信息化的业务、数据、服务和应用复杂度更高。当医院业务从单机版演变到在互联网医疗生态环境下运作时，涉及的业务将从2—3个上涨至过万，应用软件种类也会从单个涨至过千。因此，医疗传统信息化和其它行业经验并不足以解决医疗信息和应用复杂度问题。心医国际作为新型互联网医疗服务的提供商，和IBM携手探索基于医疗信息平台的开放协作，为应对医疗信息化复杂性提供了可行之路。
>
> IBM联手心医国际推出"新一代互联网医疗服务云平台"，该平台基于IBM EcoCloud架构，以微服务

> 创新助力"互联网+智慧医疗"加速发展，重塑生态服务新模式。该平台将打通院内、院间和互联网生态环境下医疗机构的系统、数据与服务，以远程医疗结合互联网医院的应用，帮助医联体内的各级医疗机构相关业务数据高效整合，实现分级诊疗路径无缝衔接，以应对传统业务与互联网化服务整合需求。同时线下线上相结合服务患者医疗全流程，赋能于专科化、精细化、连续性智慧医疗的全新平台。①

构成要素2：加速引擎——加速的科技创新和数据洞察

健康科技创新、数字科技应用、大数据正在成为加速医疗和生命科学产业数字化变革的三驾马车，为该产业迎来了历史性的进化拐点。

在健康科技创新方面，《"健康中国2030"规划纲要》中提道：构建国家医学科技创新体系，大力加强国家临床

---

① "开放赋能 IBM 与心医国际共同见证'新一代互联网医疗服务云平台'启动"。健康界。20181116。https://www.cn-healthcare.com/article/20181116/content-510572.html。

第十章 大爱无疆 医者无界
后疫情时代，医疗和生命科学行业加速无边界转型

医学研究中心和协同创新网络建设，进一步强化实验室、工程中心等科研基地能力建设；推进医学科技进步，启动实施脑科学与类脑研究、健康保障等重大科技项目和重大工程，推进国家科技重大专项、国家重点研发计划重点专项等科技计划；完善政产学研用协同创新体系，推动医药创新和转型升级。[①]

在数字科技应用方面，《'十四五'医疗装备产业发展规划》中提出数字化技术将加速实现智慧医疗，包括：完善电子健康档案和病历、电子处方等数据库，加快医疗卫生机构数据共享；推广远程医疗，推进医学影像辅助判读、临床辅助诊断等应用；运用大数据提升对医疗机构和医疗行为的监管能力；并将加快布局下一代计算：包括量子计算、量子通信、神经芯片、DNA存储等前沿技术，加强信息科学与生命科学、材料等基础学科的交叉创新。[②]

在大数据方面，到2025年，医疗数据的年复合增长率

[①] "中共中央 国务院印发《'健康中国2030'规划纲要》"。中国政府网。20161025。http://www.gov.cn/xinwen/2016-10/25/content_5124174.htm.

[②] "十部门关于印发《'十四五'医疗装备产业发展规划》的通知"。中国政府网。20211221。http://www.gov.cn/zhengce/zhengceku/2021-12/28/content_5664991.htm.

（CAGR）将达到36%。[①] 这些数据的真正价值还没有被开发出来，因为大部分数据是非结构化的，而且被隔离在相互不沟通的系统中。未来国家将大力推进健康医疗大数据应用，包括：加强健康医疗大数据应用体系建设；推进基于区域人口健康信息平台的医疗健康大数据开放共享、深度挖掘和广泛应用；消除数据壁垒，建立跨部门跨领域密切配合、统一归口的健康医疗数据共享机制，实现公共卫生、计划生育、医疗服务、医疗保障、药品供应、综合管理等应用信息系统数据采集、集成共享和业务协同。

那么，如何加速科技创新和数据洞察？

首先，采用大数据、人工智能、云计算等技术，改变医药行业的研发领域，加速生物医药的全面融合。

具体来说，在候选药物设计与筛选过程中，通过计算机的模拟、计算和预算药物与受体生物大分子之间的关系，设计和优化先导化合物。在化合物合成制备环节，可通过大数据知识库的查询比对，整合先进的目标化合物合成路线并用人工智能做出优选推荐。上述手段都极大地缩

[①] "Data Age 2025: The Digitization of the World from Edge to Core". IDC White Paper, sponsored by Seagate. 201811. https://www.seagate.com/files/www-content/our-story/trends/files/idc-seagate-dataage-whitepaper.pdf.

短了新药开发周期，降低开发成本。

据一份数据显示，AI 在医疗健康产业所有应用场景中，无论市场规模还是增长速度，新药发现的应用拔得头筹，预计 2024 年将达到 31 亿美元，年复合增长率为 40%。[1]

例如：IBM RoboRXN 是一个开创性项目，它展示了云、人工智能和自动化三种技术的结合，并显著改变我们在研发领域的工作方式。结合自动化发现技术，可以期望大大加速目前的有机化合物发现的方式，将科学家从烦琐、重复的任务中解放出来，并为设计和创新留出更多的时间和空间。[2]（请参阅案例：云南白药：AI 美肤黑科技，探索新商业模式）

其次，努力探索采用新技术开展临床试验的新方法。

例如，国家药监局药审中心（CDE）在 2020 年发布的《新冠肺炎疫情期间药物临床试验管理指导原则（试行）》中指明，随着临床试验电子化系统中远程监查和数据管理系统建设的逐渐成熟，疫情期间可采用中心化监查

---

[1] "行业研究 | AI 赋能新药发现破解研发困局：盘点全球 25 家技术平台"。搜狐网。20200910。https://www.sohu.com/a/417548952_593918。

[2] "IBM RXN for Chemistry, The freeAITool in the Cloud for Digital Chemistry"。https://rxn.res.ibm.com/。

和远程监查相结合的数字化技术来开展药物临床试验。包括采用受试者远程访视、中心化监查、电子问卷和电子文件来实现受试者安全信息的实时监测；采用电子化患者招募，如在社交媒体或者招募平台发布试验信息进行患者招募；进行远程知情，受试者注册成功后完成电子知情同意书并获得受试者ID；受试者通过具备药品第三方物流资质的企业在家接收试验药物以及所需的试验室试剂盒等。[1]

下一步数字化临床试验的突破重点是利用更数字化手段的患者招募（比如：社交媒体参与、在线同意、双向沟通、招聘中的多样性、伦理审批），以及数字化数据采集（比如：患者上报结果、经济性评估、数字生物标记、可穿戴与移动传感技术、更安全的隐私管理），同时结合数字化的分析方法，包括：现实世界数据、互操作性、机器学习与人工智能、精准试验、精准指导干预等。

云南白药：AI美肤黑科技，探索新商业模式

作为中国现代企业发展史上基业长青的百年品牌代表之一，云南白药集团坚持内生性增长与外延式扩

---

[1] "《新冠肺炎疫情期间药物临床试验管理指导原则（试行）》发布". 中国质量新闻网. 20200715. https://www.cqn.com.cn/ms/content/2020-07/15/content_ 8617428.htm.

第十章 大爱无疆 医者无界
后疫情时代，医疗和生命科学行业加速无边界转型

展并举的发展思路，加速推进"数字为先"的战略转型，全面探索医疗健康领域中大数据、人工智能、深度学习等新一代数字技术的应用及创新，助推百年医药品牌成为全球性企业的新征程。

云南白药从2018年和IBM建立长期合作，致力于打造AI智能应用的肌肤管理中心。通过应用IBM的AI图像分析技术和AI知识对话技术，双方在探索实现符合不同年龄段、不同肌肤动态变化的精准护肤体验中，实现了众多技术积累和突破。比如，通过深度学习的能力，找到肌肤每一个毛孔、每一个部位，精微到几十层，每层会分析出近百种肌肤问题，对一个人面部的关心"无微不至"；开发更具针对性、专业性、科学性和有效性的精准治疗方案；同时利用定制化的产品组合，系统会根据肌肤症状的演化进行分析和管理，让服务和关怀一直延续下去。

2021年11月，云南白药发布首款AI肌肤个性化定制系统，将AI智能应用在肌肤管理中心。通过数字化技术，客户将医药领域和皮肤科领域的数据和知识进行有效结合，并为肌肤检测技术和系统带来更多

> 个性化、专业化的保障，从而继续钻研专属东方的精准护肤解决方案，实现肌肤检测"精准护肤"。
>
> 云南白药这样的领先医药企业，通过借助IBM先进的技术与方案，快速、深度、高效地挖掘多年积累下来的医学、药学、消费者等海量经验与数据，并与专家的智慧相结合，形成了有客户特色的智能化解决方案，更好地服务于各类人群。未来，这样的模式也可以延续应用于渠道和服务模式的升级中。①

构成要素3：价值金线——敏捷的智能流程和人员体验

医疗和生命科学企业的智能化工作流是提升产业链、价值链、供应链运营效率的一条"金线"，这条金线将企业内部各职能孤岛、外部各级供应商、服务商等合作伙伴以及行业外生态系统连接起来。同时，通过自动化、区块链、AI、5G、云和边缘计算等嵌入的数字化技术，特别是

---

① "科技注入智能化DNA，云南白药采之汲MIS-UNIQ实现护肤定制化"．云端视角．20211125．https://view.inews.qq.com/a/20211125A06EIE00．

第十章 大爱无疆 医者无界
后疫情时代，医疗和生命科学行业加速无边界转型

数字孪生、远程技术、传感器、零接触等虚拟化技术，以及数据洞察的赋能，智能化的工作流可以让业务更加透明可视、敏捷柔性、高效智能，降低运营成本和企业风险，打造更好的患者和员工体验（如图10.3）。

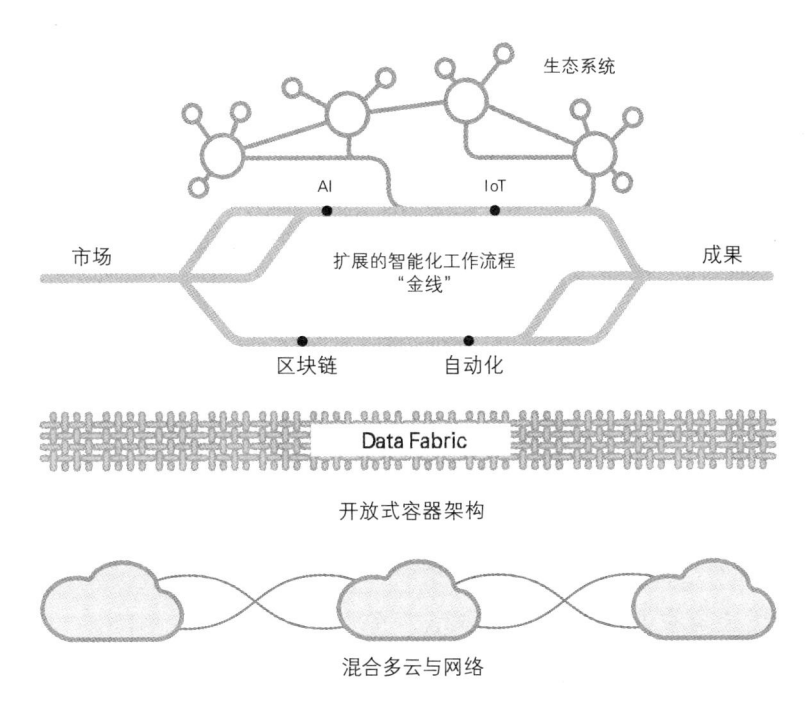

图 10.3 扩展的智能化工作流程

那么，如何建设智能化工作流？

首先，可以着力建设智能化供应链。

疫情在严格地考验着医药企业的供应链敏捷和灵活

性。空空的货架和运输延迟暴露了供应链的复杂性和脆弱性，同时也突显了其对社区和整体经济的重要性。通胀压力和地缘政治的不确定性进一步加剧了这种情况。因此，供应链领导者们发现自己在拥有新权利的同时，担负着更大的责任。

经过努力，医疗和生命科学企业的供应链发展经历了三个阶段：从传统的供应链走向集成供应链，再迈向数字化、智能化供应链。而数字化、智能化供应链，应该具备以下三个特征：

可看见：供应链的可视化，端到端的信息实时可见、同步共享，便于快速做出决策，以应对持续变化的市场形势；

可预见：预测客户需求的变化，预见风险，并且能够快速响应需求的变化和市场的波动，防范与抵抗风险；

可推荐：推荐解决方案，推荐优化方案，利用海量的内外部数据分析提供深度业务洞察指导决策，并驱动供应链持续改善包括物流网络优化、库存优化，等等。

（请参阅案例：中国领先疫苗和生物制品企业：SAP助力疫苗快速投产，为抗疫贡献力量）

第十章　大爱无疆　医者无界
后疫情时代，医疗和生命科学行业加速无边界转型

中国领先疫苗和生物制品企业：
SAP助力疫苗快速投产，为抗疫贡献力量

国内某领先的新冠疫苗生产企业从2018年开始携手IBM探索基于数字化的业务流程转型。经过两年时间，完成了从数字化规划到业务流程梳理，再到SAP ERP系统落地的转型过程。另外，IBM帮助该企业集团在两个相对独立的公司进行流程、业务规则、数据整合，并逐步建立集团管理体系。IBM还帮助该企业管理众多业务系统建设，以SAP ERP为核心串联业务流程和系统数据，实现业务执行模板落地并稳定运行。

在2020年新冠肺炎疫情暴发之初，IBM快速响应客户需求，仅用时8周就完成了新冠疫苗工厂的信息系统搭建工作，保障新冠疫苗的临床试验和批量生产如期执行。同时，为快速响应该客户国际化疫苗需求和集团海外市场战略，IBM团队协调欧洲、南美资源，在海外数据规范、财务税务规则、特殊医药监管规定等方面提供咨询服务，并快速完成SAP等核心系统推广工作，助力客户快速实现海外产品生产和市场开拓。

IBM 商业价值报告：
无边界企业

　　智能化供应链通过采用最新的数字化技术，将与生产相关的人、机、物、料、器等诸多要素的数据和流程统一整合为智能工作流后，就可以实现这三个特征。比如：通过预测药物供应链上下游来管理供应链的风险，对原料采购的中断发出预警；结合 IoT 设备识别高价值温度敏感药物，确保货架上和药房里的产品是真实的，并在几秒钟内确定被召回产品的位置；分析产业供应链数据，可以挖掘新的商业机会，改善库存管理，提高效率。（请参阅案例：Moderna：数字健康通行证，赋能智慧供应链）

> **Moderna：数字健康通行证，赋能智慧供应链**
>
> 　　IBM 通过调研发现，由于运输不正确，造成近 25% 的疫苗到达目的地时发生了降解。在重点药物和疫苗方面，供应链中断会造成极大的浪费。根据 Cardinal Health 的一项调查，40% 的医疗保健提供者取消了手术，69% 的医疗保健提供者因缺乏医疗用品而重新安排了手术。因此，制药公司需要能预测到潜在的供药中断，并相应地为其制定计划，就可以节省大量成本，并大大改善患者和员工的体验。
>
> 　　Moderna 和 IBM 针对新冠疫苗供应链潜在中断和

第十章 大爱无疆 医者无界
后疫情时代,医疗和生命科学行业加速无边界转型

> 健康护照难以共享的问题,共同合作建设基于区块链技术的数字健康通行证,旨在帮助个人保持对其健康信息的控制,并以安全、可验证和可信的方式共享这些信息。组织使用该解决方案,根据组织制定的标准(如检测结果、接种记录和体温检查)验证员工、客户和旅行者的健康凭据。该解决方案使政府和医疗保健提供商能够在从生产设施到管理站点的复杂的COVID-19供应链中,快速、安全地共享有关单个疫苗批次的数据,提供端到端可追溯性的疫苗管理解决方案,实现智慧供应链,解决了潜在的供应链中断问题。[1]

根据 IBM 商业价值研究院(IBV)最近的一项调研,大多数首席供应链官(CSCO)预计可视性和透明度将成为未来 3 年内企业供应链的关键差异化因素,其中 53% 表示他们的数字供应链转型计划将是这段时间内最重要的竞

---

[1] "Moderna and IBM Plan to Collaborate on COVID-19Vaccine Supply Chain and Distribution Data Sharing". IBM Newsroom. 20210304. https://newsroom.ibm.com/2021-03-04-Moderna-and-IBM-Plan-to-Collaborate-on-COVID-19-Vaccine-Supply-Chain-and-Distribution-Data-Sharing.

争优势领域。[①]

其次，可以着力建设智能化营销。

具体来说，采用下一代互联网、移动互联网工具，甚至元宇宙平台技术，生物医药企业可以建立复合型智能营销渠道和沟通平台。一方面，可以有效提高渠道掌控力，面向医生和患者提升学术内容和产品推广信息传播的精准度，有效降低销售成本。另一方面，还可以通过个性化定制服务，同时从患者、医生处获得反馈数据，增强信息反馈的及时性和全面性，为产品和服务优化提供支撑，进而有效改善医生、患者的服务体验，并提升用户黏性和依从性。

构成要素4：终极目标——持续的绿色发展和运营模式

可持续发展是无边界医疗和生命科学企业的宗旨和存在使命。《"健康中国2030"规划纲要》的一个重要指导原则是科学发展，即医疗和生命科学企业需要把握健康领域的发展规律，构建整合型医疗卫生服务体系，推动健康服

[①] "塑造供应链的未来：5种基本战略之行动手册"。IBM 商业价值研究院。https://www.ibm.com/downloads/cas/ZR2VEGO3.

第十章 大爱无疆 医者无界
后疫情时代，医疗和生命科学行业加速无边界转型

务从规模扩张的粗放型发展，转变到质量效益提升的绿色集约式发展，提升健康服务水平。①

在 IBV 最新发布的 2022 年 CEO 全球调研报告《任重致远：可持续发展的实践之道》中，我们看到，企业高管目前在以前所未有的力度和专注度解决企业外部的问题，而可持续发展成为企业战略中增长最快的议程之一。②

这份报告的调研对象中包括全球 300 位医疗和生命科学行业的 CEO，他们认为未来 2—3 年，影响其组织的外部力量中，环境因素排在第四，仅次于技术、法规、全球化。他们中有 50% 的人认为，可持续发展将是其企业在未来 2—3 年里最高优先级的任务，也是企业将面临的最大挑战。同样有 50% 的人认为企业在实现可持续发展目标中，最大的障碍是不知道如何衡量投资回报（ROI）和经济回报。③

尽管医疗和生命科学行业的 CEO 在企业中推行可持续发展面临着很大的挑战和压力，但是他们中大部分人对

---

① "中共中央 国务院印发《'健康中国 2030' 规划纲要》"。中国政府网。20161025。http://www.gov.cn/xinwen/2016-10/25/content_5124174.htm。

② "任重致远：可持续发展的实践之道——医疗行业洞察"。IBM 商业价值研究院。https://www.ibm.com/downloads/cas/Z5VOKVLP。

③ "任重致远：可持续发展的实践之道——医疗行业洞察"。IBM 商业价值研究院。https://www.ibm.com/downloads/cas/Z5VOKVLP。

可持续发展是非常有信心的，45%的CEO认为可持续发展可以加快业务增长，85%的CEO认为企业对可持续发展的投资会在未来5年内提升业绩。[①]

我们通过对受访企业在可持续发展工作的投入度、优先级、举措和结果四个维度的分析，将全球医疗和生命科学企业目前的发展阶段分为四类：

——15%的评估类企业（Assessing）。他们对可持续发展工作尚未进行任何投资。

——30%的合规类企业（Compliant）。他们对可持续发展工作的目标只是为符合行业规定或政策要求。但是这样的发展目标是"不可持续的"，需要修正，需要放眼未来，主动突破，积极行动。

——41%的运营类企业（Operational）。他们超越了合规的要求，将可持续发展作为优化企业运营、提升效率的机会，将可持续发展嵌入到企业运营和业务战略中。(请参阅案例：扬子江药业集团：业务流程自动化，可持续的运营模式)

——14%的转型类企业（Transformational）。他们又前

[①] "任重致远：可持续发展的实践之道——医疗行业洞察"，IBM商业价值研究院。https://www.ibm.com/downloads/cas/Z5VOKVLP.

第十章 大爱无疆 医者无界
后疫情时代，医疗和生命科学行业加速无边界转型

进了一步，将可持续发展作为企业全面转型和重塑的必不可少的机会，将可持续发展植入到企业的方方面面，对企业进行彻底的颠覆；同时将可持续发展作为开放创新、增强生态系统联系的催化剂。[1]

> **扬子江药业集团：**
> **业务流程自动化，可持续的运营模式**
>
> 扬子江药业立志成为健康领域最受尊敬的世界一流制药企业。他们目前的系统无论在功能的覆盖面和灵活度上，都不能完全满足目前企业流程优化和业务提升的需求，且系统间都是孤立存在的。业务的多变性决定了需要由更灵活更智能的业务中枢处理机制来引领未来企业管理发展趋势的转型方向。
>
> IBM携手合作伙伴，首先对其业务运营、人力资源、财务资金、审计监督、研发生产、市场销售、质量管理等14大类业务流程进行梳理优化，然后基于IBM自动化平台（CP4BA）实施流程自动化，实现跨系统的调用和复用，形成全新的扬子江企业业务集成

---

[1] "任重致远：可持续发展的实践之道——医疗行业洞察"。IBM商业价值研究院。https://www.ibm.com/downloads/cas/Z5VOKVLP.

> 平台。此方法所获得的企业业务集成平台，既完全保护了扬子江药业原有的 IT 资源，又可以让现有的应用系统最大化地发挥它们的功效和能力，使所有的 IT 系统、应用系统与系统平台和谐、无缝地形成一个整体。
>
> 经过一系列的流程自动化改进，扬子江药业员工的重复性工作量有了明显的降低，并且工作效率也得到了进一步的提升，释放出来的工作潜能可以用来创造更多的生产力。企业整体实现了跨组织、跨部门、跨系统和跨用户的业务流程自动化。[①]

因此，我们可以看出，组织如何开展可持续发展工作，很大程度上取决于 CEO 如何看待可持续发展的作用以及未来：是业务增长机遇，还是一项成本投入？应该成为组织基因的一部分和战略运营的核心，还是只是一个符合政策要求和避免业务中断风险的合规工作？

通过调研，我们剖析了全球转型类企业在可持续发展工作中，有三项与众不同的成功实践：

---

① "引领未来企业管理发展趋势"。https://www.ibm.com/cn-zh/case-studies/cloud-cp4a-decentsmart?lnk=htm.

第十章 大爱无疆 医者无界
后疫情时代，医疗和生命科学行业加速无边界转型

首先，企业全范围的高管领导支持及员工参与。

92%的转型类企业 CEO 深入参与制定可持续发展战略，他们不仅亲自参与，还调动所有高管共同参与。同时，48%的转型类企业在组织中通过变革管理，将可持续发展的责任在组织内深入下放，运用激励手段推动员工认可和改变。这再次说明转型类 CEO 认为可持续发展是全企业范围内的事情，需要全面、系统的变革管理。而只有不到20%的受访医疗和生命健康企业在组织中推行变革管理，还有比较大的提升空间。[1]

其次，开放创新的生态系统。

生态系统合作是可持续发展取得成功的重要条件。37%的转型类 CEO 与合作伙伴，甚至竞争对手进行合作，建立开放创新的伙伴关系。通过发挥集体的力量，为企业共同的利益和社会的利益贡献行业特有的可持续发展解决方案。相比之下，只有27%的受访医疗和生命健康企业做同样的事情。[2]

最后，成熟的数字化技术。

---

[1] "任重致远：可持续发展的实践之道——医疗行业洞察"。IBM 商业价值研究院。https://www.ibm.com/downloads/cas/Z5VOKVLP.

[2] "任重致远：可持续发展的实践之道——医疗行业洞察"。IBM 商业价值研究院。https://www.ibm.com/downloads/cas/Z5VOKVLP.

技术对可持续发展所起的作用巨大。除了帮助提升生产力、效率和成本，数字技术对可持续发展还能提供数据驱动的洞察，提升环境影响的透明度，改善能够降低环境影响的流程，同时提升业绩。这些都需要正确的数字化能力和基础设施，否则转型的可持续发展将不可能实现。转型类CEO对自身企业的数字化能力能非常自信，70%认为他们的基础设施足够支撑大规模投资，并从新投资中实现价值。而只有37%的受访医疗和生命健康企业CEO有如此的自信。而且，转型类CEO预期他们的数字化能力还将继续提升。目前有超过一半的组织在应用AI自动化工作流，未来3年则会增加到近80%。相比之下，38%的受访医疗和生命健康企业未来3年会应用AI自动化工作流。最后，56%的转型类企业的数据和系统在多个云平台上运行，而只有31%的受访医疗和生命健康企业做同样的事情。[1]

构成要素5：以人为本——包容的患者融合和智慧医疗

随着移动互联网的发展，患者开始以更主动的身份参

---

[1] "任重致远：可持续发展的实践之道——医疗行业洞察"。IBM商业价值研究院。https://www.ibm.com/downloads/cas/Z5VOKVLP.

第十章 大爱无疆 医者无界
后疫情时代,医疗和生命科学行业加速无边界转型

与到医疗服务和药物治疗过程中,加速了数字化医疗服务的实现。他们通过网站、移动应用等渠道获得疾病和药物知识,并提出自己对诊疗的建议。尤其是一些慢性病患者,已经成为该领域的专家。先进药企已经注意到这一趋势,并开始通过多种数字化方式与患者进行互动,例如:医学问答机器人,线上随访管理系统,AI 技术,App 等。未来,数字医疗、个性化医疗、价值医疗等智慧医疗会呈现出百花齐放的产业态势。

那么,如何打造包容的患者融合和智慧医疗呢?

首先,未来的创新不只是新药的研发,而是利用数字化技术的应用,实现以患者为中心的全生命周期的健康管理(包括预防、治疗和康复)。

IBM 在 2019 年发布的数字疗法白皮书,大力倡导数字疗法的创新。例如:医学问答机器人可以主动回答患者的相关问题;线上随访管理系统可以随时搜集患者的信息反馈;智能小药盒可以提醒患者及时准确用药等,提供更好的医疗体验;通过 AI 技术辅助的循证医学参考资料,为医师和药师的合理用药以及超说明书用药的探索提供便捷和保障;未来 App 也将成为治疗的一种形式。这些形式不论是单独存在或与药物结合,都将带来更高效和更普及的

治疗方式，提高患者的参与度，改善以慢性病为主的疾病的疗效，降低成本。(请参阅案例：领先跨国药企：体验设计，实现"以患者为中心")①

> **领先跨国药企：体验设计，实现"以患者为中心"**
>
> 某领先跨国药企通过和 IBM 合作，在中国构建了覆盖患者关爱全旅程的一体化平台，践行"以用户为中心"的理念。IBM 设计了简洁、清晰、强设计感的 UX，为患者在平台活动中提供全流程指引，让他们了解平台的功能有什么，可以帮助他们做什么。对于患者旅程的分析，首先，IBM 针对不同年龄、情况的患者，建立多套用户画像；然后，对患者在寻求援助的过程中的每一步进行模拟，发现患者痛点、整合成需求；最后，在解决方案中巧妙地嵌入各种功能，满足患者需求，帮助他们解决问题。患者 360 度视图帮助患者更便捷地进行自我管理，也增强了患者对平台的使用黏性。

---

① "数字疗法如何造福患者、医疗机构和医疗生态系统"。IBM 商业价值研究院。https://www.ibm.com/downloads/cas/Z5BNJB04.

第十章　大爱无疆　医者无界
后疫情时代，医疗和生命科学行业加速无边界转型

> 该平台应用 OCR 技术，让患者通过拍照和图库识别，上传报告，并自动生成图表，大大提升了患者体验。同时，平台搭建了呼叫中心，定期回访患者，询问他们使用援助药品和检测的体验，是否遇到困难，是否有建议，帮助药企实现了提供关爱服务的闭环。

其次，在智慧医院评审、互联互通成熟度评审以及 DRG/DIP 的直接驱动下，医疗机构正在以价值医疗为导向，构建智慧诊疗、智慧服务、智慧管理体系。

例如，全球糖尿病患者超过 4 亿人，而且预计患者人数仍将持续增加。糖尿病患者需要通过改变生活方式、口服药物或注射胰岛素来控制血糖水平。然而，每天的最佳胰岛素剂量可能会持续变化，剂量使用不当会对生活质量造成严重影响。人工智能支持的功能（也就是通过机器来模拟自然智能）以及数字传感器可以测量、监控、预测日常血糖水平，并且采取应对措施。另外还可以执行个性化分析，发现患者血糖超出上下限的时刻，实时决定是否以及何时需要调整胰岛素剂量。通过基于人工智能的软件和个性化算法指导胰岛素的注射剂量，患者不仅可以更轻松地控制血糖，还能持续个性化调整剂量，长期成功保持最

佳血糖水平，降低并发症风险。再比如，传感器和吸入器的结合使用得到了美国食品及药物管理局（FDA）的批准，效果十分显著：药物依从性提高了58%，无症状时间增加了48%，急诊率降低了53%。[①]

最后，我们看到数字疗法迅速崛起和发展还面临着监管法规和公众认知的障碍，以下三方面对于进一步推进数字疗法至关重要：

一、了解可以改进的领域。

医疗企业需要牢牢掌握信息技术。制药企业需要借助技术、数据和分析专业知识，增强自身的科学和医学优势。虽然合作关系的重要性日益凸显，但制药企业必须在内部培养核心能力与通过跨学科联盟和外部合作提高技能和敏捷性之间，找到适当的平衡。

二、尽早发掘数字化方法的潜力。

在整个开发过程中，生命科学企业需要收集数字疗法改善疗效的证据。最终，研发新的数字终端，生成更全面的数据，并推动更具针对性的研究。

[①] "数字疗法如何造福患者、医疗机构和医疗生态系统"。IBM 商业价值研究院。https://www.ibm.com/downloads/cas/Z5BNJB04.

第十章 大爱无疆 医者无界
后疫情时代，医疗和生命科学行业加速无边界转型

三、认识到人是推动技术发展的源动力。

开展有效协作，将优秀人才聚集在一起，打造智能解决方案。要通过全球技术中心分享知识和领先实践，需要制药公司、科学家、平台和生态系统参与方、医保支付方、监管机构、数据和分析专家及人工智能先锋企业的广泛参与。

构成要素6：基础设施——安全的混合多云和网络架构

医疗和生命科学企业在实现数字化转型的过程中，面临着几个比较突出的挑战：

第一，最大的难点在于健康数据的高度敏感性。2021年，我国连续出台《网络安全法》、《数据安全法》、《个人信息保护法》等一系列关于数据安全和网络安全的法律法规，规范数据的管理和使用。遭泄露的受保护的个人健康信息（PHI）是暗网上出售的最有利可图的数据类型之一，甚至超过了社会保险号和信用卡信息的价值。

第二，健康数据的迁移量极其庞大。

第三，医疗生态系统内企业之间的应用如何实现可扩展性，比如，制药企业和医保付款方之间如何交换报销数据？如果要召回某种药品，如何轻松跟踪该药品在整个供

应链中的流转情况？如何在付款处理流程中减少人工干预，降低账单中出现笔误的可能性？等等。

第四，安全计划的转型也至关重要。其中包括在风险与合规战略和规划方面如何领先一步？如何进行威胁管理，检测并制止安全的威胁，及时掌握外部安全威胁的动态？如何保护关键资产，治理用户与身份（包括数字身份），统一管理终端设备？

医疗和生命科学企业既要成为开放、透明、可视的生态系统，又要满足个人信息隐私和数据安全的极致要求。这样的诉求需要一个稳定、开放、安全的混合多云和网络架构才能够支撑。因此，医疗和生命科学企业需要通过混合多云和网络架构构建安全的基础设施，和生态系统中的所有参与者共同应对网络安全和数据隐私方面的挑战。

混合云结合了公有云和本地基础架构的优点，有助于提高企业应用和数据的敏捷性与可扩展性，并惠及医疗服务提供方与医保支付方、消费者健康服务提供方以及生命科学组织。例如，美国某主要的医保支付方制定了一项短期计划，打算在5年内将所有数据中心迁移到云端，并由可靠的控制和安全结构提供保护。某跨国医药企业利用IBM QRadar感知企业内外混合云中的威胁，甄别出关键安

第十章 大爱无疆 医者无界
后疫情时代，医疗和生命科学行业加速无边界转型

全事件，为企业决策提供出整体态势和洞察。再例如，对于药企来说，药物研发需要采用新型模式，药物研发过程必须让合作伙伴参与进来并且能够访问相关数据；此外，最终产品的价格必须让消费者能够承受。而人工智能和云计算有能力影响研发方式，支持安全地交换信息，能够使数据中心连接到云和其他合作伙伴。

混合多云基础架构的真正价值在于，最终可以帮助组织及其流程实现全面的数字化转型。这样会重新定义组织架构或文化理念，建立全新工作方式，使用自动化技术，减少人工干预，从而降低成本，减少错误。如果文化变革根植于全新的工作方法，那么随后形成的工作流程将变得更加高效，并且可以更快地扩展。（请参阅案例：云南白药：一站式大数据 AI 云平台，加速数字化转型，赋能规模化创新）

云南白药：一站式大数据 AI 云平台，加速数字化转型，赋能规模化创新

四年前，云南白药就开始在医疗和商业场景中进行 AI 尝试和探索，并开始进行相关的技术储备和团队能力建设。然而如何规模化地部署 AI、赋能业务，云南白药集团的 AI 创研团队面临数据、AI 人才和技

术的多重挑战，迫切希望找到世界级、成熟的合作伙伴。2021年，云南白药携手IBM，基于IBM云原生数据与AI平台（IBM Cloud Pak for Data），构建一站式大数据人工智能应用平台，并快速推进平台的多场景应用，为企业的数字化转型和规模化创新按下了加速键。

该平台目前可以为云南白药集团的多项业务赋能：在临床科研中，协助医生进行数据及影像资料的分析、数据清洗、数据挖掘，人工智能多种统计模型计算、多形态分析结果输出；基于平台开展医疗辅助诊断、临床分型，提供数字化、智能化、精准化的科研和产品研发工作；利用Cloud Pak for Data平台AutoAI等工具，配合集团数字化转型，将人工智能技术赋能各业务场景，建成技术先进、性能优越的应用平台；利用前沿技术为大健康产业的创新发展技术赋能。

云南白药之所以选择IBM，是看重IBM在混合云、人工智能和企业服务领域的全球领导地位，以及IBM在医疗领域多年积累的经验得到过充分验证。同时，IBM拥有全球的专家团队，可以确保在项目合作

第十章　大爱无疆　医者无界
后疫情时代，医疗和生命科学行业加速无边界转型

> 过程中能够利用全球的经验和技术与客户本土团队合作，将 IBM 的技术、行业、服务优势转化成客户的技术能力，搭建客户自身的可信和安全的混合云和人工智能平台。[①]

第三部分　无边界医疗和生命科学企业的重塑方法——IBM 车库方法™

医疗和生命健康企业要构建无边界企业，需要探索适合自身的业务模式。而企业在从旧模式到新模式的变革过程中，如何做到"大而不散、快而不乱、变而有序"，需要一个被证明有效的方法指导。这种方法就是 IBM 首创的"车库方法™"。IBM 采用车库方法™，和企业共创、共建、共赢，帮助企业快速迭代、将初创企业的敏捷创新与成熟企业的规模优势结合起来，实现体验落地和成果达成（图

[①] "数据为先的中国企业按下'数智'转型加速键——IBM 客户成功团队分享中国企业应用 AI 加速转型的成功案例"。20220613。IBM 中国微信号。https://mp.weixin.qq.com/s/FSEEsvx2zPoT9dn-TprtVA.

10.4)。

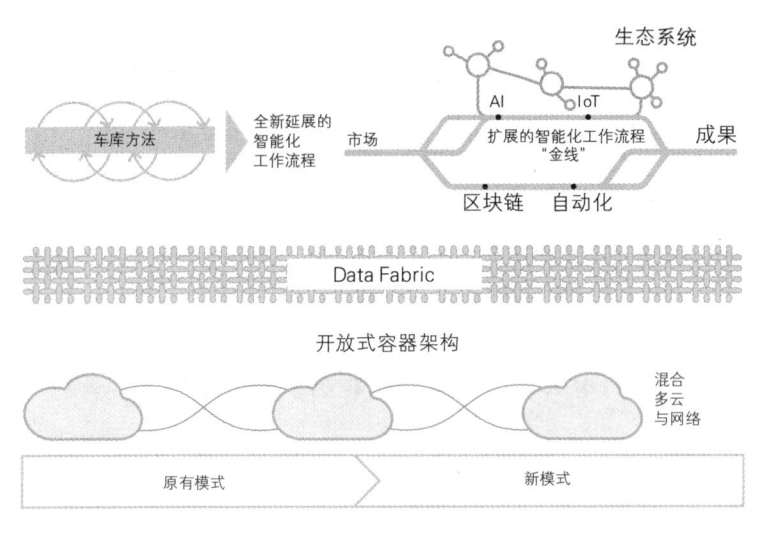

图 10.4 IBM 车库方法™

具体来讲，IBM 车库方法™为企业数字产品和服务的开发和运营提供了一个框架，涵盖从构思、建模、MVP（最小可行产品）试点到生产和推广的完整生命周期。

——在共同创造阶段，企业仔细了解用户及其需求，并评估业务资产和能力，制定潜在业务场景的方法和指标，并广泛探索客户效益和业务潜力。由于只有少数构想能够付诸生产，因此必须要确保源源不断地提供新构想，不仅可以来自内部利益相关方，也可以来自生态系统合作

第十章 大爱无疆 医者无界
后疫情时代，医疗和生命科学行业加速无边界转型

伙伴。合作伙伴之间的密切协作，包括共同创造和同地协作，使"车库"模式明显有别于传统的"供应商"关系。

——在共同实现阶段，由产品负责人、数字战略师、设计人员和开发人员组成的跨部门敏捷团队将这些概念转化为具体的产品和服务。在 MVP 阶段，将数字原型转变为 MVP，并与真实用户一起开始执行持续的测试周期，从相应的迭代和优化流程，一直持续到确定进入了增长轨道或证实此方法不可行为止。与用户共同进行迭代测试，这样可以支持快速做出决策并缩短周期。

——在共同运营阶段，将根据市场反馈对产品进行迭代。这个阶段还为产品大规模市场推出（包括本地化调整和产品固定化）做准备。并通过确定最有效的营销渠道来实现规模和效益，从而扩大产品开发能力，并贯穿产品生命周期持续开发。

事实证明，在疫情催生的虚拟世界中，这样的车库模式更是发挥了更大价值。一方面，通过利用任何地点的技能、人才和知识，显著提高生产效率。另一方面，车库模式跨越组织的职能边界，支持生态系统合作伙伴参与创新，快速实施数字化转型。

结束语

IBM 认为在过去 10 余年中，企业的数字化历程基本上经历了三个阶段：2010 年之前，大多数传统企业的数字化只是发生在边缘业务中，主要由外部消费者驱动，平台多为孤岛式，将技术用于改进工作方式中；2010 年到 2020 年期间，企业的数字化开始延展到核心业务中，主要由企业内部驱动，企业开始建设开创性的业务平台，将数字化和 AI 技术嵌入到智能化工作流程中；2020 年开始，我们看到越来越多的企业在企业全范围内开展数字化，更多地是由科学和数据驱动，企业除了建设开放平台之外，开始走出行业界限，构建更大范围的生态系统，并将指数级技术整合到扩展的智能化工作流程中。

医疗和生命科学行业具有高技术、高投入、长周期、高风险、高收益等特点。对于医疗和生命科学企业，数字化转型将成为必然选择。近两年，跨国和本土药企的数字化投入明显上升，而且还在增长。这些被数字化深度赋能的医疗和生命科学企业会成为更高效、更有弹性和更强大的无边界企业，必将在危机与变革中胜出，成为新一代的未来行业领导者。

第十章 大爱无疆 医者无界
后疫情时代，医疗和生命科学行业加速无边界转型

医疗和生命科学企业只有不断创新、合规运营、降本增效，才能保持长期可持续发展。国际和国内的 Bio-tech 和 Big-pharma，都会推动医药企业内部、外部甚至是生态的变革和创新，重塑人、流程、数据、平台和生态，其中不仅包括新的 BT（生物技术）和 IT（信息技术）的引用和使用，还包括组织战略发展，数字战略，科技平台，人才体系和文化建设等领域的全面重塑。基于 IBV 全球调研结果，建立创新文化是 47% 的生命科学企业 CEO 的关键优先事项，比任何其他行业都要高；生命科学领域的 CEO 们期望在未来 2—3 年内有更多的合作机会，比全球业绩优异企业多出 38%。[①]

在数字化医疗和平台能力大变革的时代，越来越多的医药企业在跨界，同时构建医疗和医药的生态。在这个过程中，我们认为有三点很重要：以患者为中心，帮助患者更快地得到正确的治疗；在医疗、医药、保险、政府等各方面提高质量、效率，管理成本和竞争优势；技术能起到赋能作用，在混合云和平台的基础之上，利用数据 AI 和分析的能力，加速整个企业内部和行业的数据治理、数据

---

① "识别'必需'：制胜后疫情时代——生命科学行业洞察"。IBM 商业价值研究院。https://www.ibm.com/downloads/cas/QYVZMJ5N.

IBM 商业价值报告：
无边界企业

共享、数据分析、数据应用变现的能力。基于 IBV 全球调研结果，54%的生命科学企业 CEO 在未来 2—3 年内将优先考虑端到端的数据透明度；生命科学企业 CEO 们对分析和数据科学技能的要求将比全球业绩优异企业高出 31%。[①]

IBM 是全球混合云和人工智能的领导者，我们的核心优势是深厚的行业经验、先进的技术解决方案，开放合作的生态，以及在信任和安全方面的声誉。在帮助中国医疗和生命科学企业建设无边界企业的过程中，IBM Consulting 和 IBM Technology 将与客户共同创造，既为客户绘制高屋建瓴的战略蓝图，又陪伴客户脚踏实地执行落地；既包含纵向的战略咨询、系统实施直至流程运营的管理服务，又覆盖横向的财务、供应链、采购、运营、生产、人才、技术、文化、品牌、产品、营销、渠道端到端的专业领域。我们希望通过一个个的"无边界的医疗和生命健康企业"的打造，和客户有更多的机会实现共赢合作，推进智慧医疗和健康中国 2030 目标的最终实现。

[①] "识别'必需'：制胜后疫情时代—生命科学行业洞察"。IBM 商业价值研究院。https://www.ibm.com/downloads/cas/QYVZMJ5N。